의료 협동조합을 그리다

의료 협동조합을 그리다

초판 1쇄 발행 2017년 1월 15일

지은이 백재중

펴낸이 백재중 편집 조원경 디자인 박재원 펴낸곳 건강미디어협동조합

등록 2014년 3월 7일 제2014-23호 주소 서울시 광진구 동일로18길 118

전화 010-4749-4511 전송 02-6974-1026 전자우편 healthmediacoop@gmail.com

값 13,000원

ⓒ백재중, 2017

ISBN 979-11-87387-02-2 03330

의료
협동조합을
그리다

백재중 지음

건가
미디어
협동조합

지은이 백 재 중

원진레이온 직업병 투쟁의 결과로 설립된 녹색병원에서 내과의사로 근무하고
있다. 우리나라 의료의 문제는 경쟁적이고 독점적인 구조에서 비롯되고 있고,
영리병원, 원격의료 등 의료 민영화 정책에 의해 의료 공공성이 심하게 훼손되
어 국민의 건강이 위협받고 있다고 생각한다. 대안의 하나로 협동조합 운동에
주목하고 있다. 현재 의료복지 사회적 협동조합 조합원이기도 하며 건강미디
어협동조합의 대표로도 활동하고 있다. 쓴 책으로 『삼성과 의료민영화』(건강미
디어협동조합)가 있다.

추천사

임종한

인하의대, 한국의료복지사회적협동조합연합회 회장

1994년 안성의료협동조합을 시작으로 우리 사회에서 협동과 연대를 통해, 건강의 불평등이 심각해지는 문제를 해결하고자 하는 자발적인 시민사회 운동, 의료협동 운동이 태동되었다. 그로부터 20여 년이 흘러 전국에 25개의 의료복지 사회적 협동조합이 결성되었고 4만여 세대의 조합원을 가진 큰 규모의 협동조합으로 성장했다.

단지 외형적인 성장만이 아닌 협동과 연대, 나와 너를 넘어 공동체의 결속이 의료 협동 운동을 통해 우리 사회에 뿌리를 내리기 시작했다. 지역 공동체를 기반으로 장애인, 노인, 농민, 노동자, 여성, 성소수자, 새터민, 외국인 노동자등 사회적 약자의 건강을 돌보고 보호하기 위한 안전망이 만들어지고 있다.

최근 몇 년 사이에 우리 사회에서 민주주의가 삐걱거리고, 대기업의 횡포로 중소기업과 시민들의 피해가 끊이지 않고 있다. 소득 불평등도 갈수록 심각해지고 있다. 우리 나라에서 10% 상위층의 전체 소득 점유율은 1995년 29.2%에서 2012년 44.9%로 급등, 세계에서 미국 다음으로 소득 불평등이 심각하다.

소득 불평등뿐인가? 취약 계층은 경제적인 부담으로 인해 아파도 병원을 가지 못하고 치료를 포기하는 사람들이 늘고 있다. 그럼에도 10년 동안 의료비 상승률은 OECD 수위를 달리고 있다. 노인 가구 중 빈곤 가구 비율이 높고, 65세 이상 노인의 자살률이 부동의 1위이다. 당뇨, 고혈압 등 만성 질환 들을 앓고 있는 국민들의 비율은 갈수록 늘고 있으며, 2014년 전체 진료비 중 35%가 만성 질환 진료에 사용되고 있다.

하지만 전제보험 급여비에서 의원이 차지하는 비율이 2003년 45.5%에서 2014년 27.5%로 줄어들었고, 상급 종합병원의 외래 비용은 21.5%에서 31.3%로 증가되었다. 시민들의 건강을 돌볼 의원은 점차 문을 닫고, 상급 종합병원은 몸집을 늘리는 일들이 진행되고 있다.

소위 재벌 병원의 등장 이후 대형병원들은 시설과 장비 위주의 무한 경쟁 속에서 동네 의원, 중소병원, 지방병원은 고사 위기에 처해 있다. 가족은 해체되고 초핵가족으로, 1인 1가구로 쪼개지고 있으며, 의료 환경은 무한 경쟁 속에 승자 독식과 다름없는 환경으로 변모되고 있다.

2026년이면 우리 사회가 65세 이상 인구가 전체 인구의 20%를 상회해서 초고령 사회로 진입된다. 향후 30년간 사회 양극화와 초

고령 사회화, 일차 의료의 붕괴, 지역 공동체 약화 등의 변화로 건강 불평등 심화, 만성 질환 급증, 의료비 폭등으로 의료 재앙과도 같은 일들이 우리 사회에서 벌어질 수도 있다.

누적되는 정책 실패와 경제난, 부정 부패로 시민들의 인내는 한계에 달한 듯하다. 대기업, 효율 중심, 권위주의적 통치, 승자 독식의 구시대의 유물들이 이제 그 운명을 다하고 이제 새로운 시대로 접어들고 있다.

그러면 한국 사회는 어디로 가야 하는가? 대한민국의 주권은 당연히 국민에게 있다. 국민들이 자유, 평등, 평화를 누리면서 차별받지 않는 사회에 살 수 있도록 해야 한다. 이제까지 절대 국가 권력에, 그리고 소수의 경제 권력에 의해 좌지우지되었던 것을 이제 시민들에게 되돌려놓아야 한다.

대의민주주의와 형식적인 정치적 민주화에 머무른 우리 사회는 경제적인 민주화, 지방자치, 주민자치로 민주주의가 더 심화 발전되는 사회로 나아가야 한다. 또한 시민들이 법과 질서를 존중할 뿐만 아니라, 사회적 약자를 배려하는 높은 시민 정신을 가진 사회로 나아가야 한다.

장애인, 노인, 새터민, 외국인 노동자 등 우리 사회 소수의 인권이 존중되고, 삶의 질이 실질적으로 높아지도록 하는 것이 선진 사회의 분명한 지표이다. 단지 경제적으로 GDP가 높은 사회만이 아니라 사람 살 만한 사회로 가야 한다. 이러한 사회로 나아가기 위해 의료의 공공성을 높여가는 것은 우리 사회의 필수적인 과제이며, 아파서 빈곤층으로 전락하거나 빈곤이 대물림되는 양상은 결단코

막아야 한다.

협동조합은 지역 사회에 뿌리를 두고 지역 공동체 강화에 역점을 두고 있다. 지역 사회의 조직들이나 지방 정부와의 파트너십을 통해서 시민들의 참여와 지역 사회 지원을 이끌어 낸다. 협동조합에서는 시민들이 직접 참여하며 협동조합 사업체를 통해 스스로에게 서비스를 제공할 수 있다. 시민의 참여를 통해 공공 의료에 새로운 활로를 열어주고, 민간 의료 기관이 영리에 좌우되지 않게 안전판 역할을 해낸다.

협동조합은 시민들의 참여를 통해 의료의 공공성을 지켜내는 훌륭한 역할을 해낼 수 있다. 지역 사회를 매개로 주민들, 동네 의원, 동네의 중소병원, 그리고 지방에 있는 병의원들이 서로 연대하고 협동하는 것이다. 이를 가능케 하는 강력한 조직적 수단 중 하나가 협동조합이다.

이 책은 국내외에서 의료의 공동성을 지켜내기 위해 협동조합이 어떻게 활동해 왔는지를 잘 소개하고 있다. 국내에서도 의료 협동조합이 20여 년 동안 발전해 왔지만, 아직 초기 발전 단계여서 우리 사회 의료 개혁에 얼마나 힘을 쓸지 아직 단정하기 어렵다. 하지만, 가장 조직적이고 적극적으로 의료를 개혁하고자 하는 노력을 사회 밑바닥에서 추진해온 것이 사실이다.

의료의 상업화와 영리 추구로 시민들의 건강이 위협을 받는 상황에서 시민들의 강력한 지지를 받는 조직으로 성장해 오고 있기에, 이러한 의료 개혁의 노력은 곧 전면적인 의료 개혁으로 이어질 것이다. 물론 여러 제약이 있고 난관이 있겠지만, 모든 사람들이 건강할 수 있는 사회를 향한 대중의 열망은 아주 뜨겁기에, 의료 협동 조합 운동은 여러 형태로 우리 사회에 분출될 것으로 보여 진다.

의료 협동조합 운동이 우리 사회를 더욱 건강하고 민주적이고 성숙한 사회로 발전시켜 가는 일에서 중요한 역할을 해낼 것으로 기대한다. 이 책으로 독자들이 우리 사회에 새 희망을 가지게 되길 소망한다.

서문

⋮

❧

2014년 세월호의 충격 속에서 뭐라도 해야 한다는 생각에 『삼성과 의료민영화』라는 책을 집필한 적이 있습니다. 아직도 세월호 유가족들이 광화문 광장을 떠나지 못하는 모습을 볼 때면 그 동안 우리 사회가 변한 게 없다는 사실을 깨닫곤 합니다.

이 책을 마무리하는 와중에 '박근혜-최순실 게이트'가 터지고 국민들은 촛불을 들고 거리로 나섰습니다. 게이트에 의료 분야가 복잡하게 얽히면서 우리나라 의료의 민낯이 드러나기도 했습니다.

세월호 당시 의료 민영화 관련 글을 쓴 이유도 의료 민영화가 우리 사회를 세월호와 같은 재난으로 몰아 갈 수 있다는 위기감에서였습니다. 세월호 문제가 해결되지 않은 것처럼 의료 민영화도 현재 진행형입니다.

정부는 영리병원을 관찰시키기 위해 입질을 하고, 원격 의료는 '창조 경제'의 모범 사례로 청와대의 관심 사항이었습니다. 공공성이 강한 의료 분야에 자본이 개입하여 이윤을 남기고 싶어 하는 다양한 시도들의 일환입니다.

건강 보험 흑자가 20억이 넘었다고 합니다. 이는 국민들이 보험료를 많이 내면서도 이를 사용하지 못해 발생하는 것입니다. 건강하지 못한 현상입니다. 의료의 보장성이 낮아 자기 부담률이 높은 상태에서 경제가 어려워지다 보니 의료비가 부담스러운 서민들이 병원 이용을 포기하면서 이런 일이 생기고 있습니다. 당연히 남는 흑자를 보장성 강화에 투자하여 국민들의 의료비 부담을 줄여줘야 합니다. 정부는 별로 그럴 생각이 없나 봅니다. 최악의 시도는 의료 민영화 관련 사업에 흑자 자금을 투자하려고 하는 것입니다.

의료 민영화 관련 사업들은 대개 국민 건강에 미치는 영향이 미미하거나 오히려 부정적인 경우가 많습니다. 그런데도 여기에 건강보험을 사용하려고 하는 이유는 자본 측 특히 대기업들의 입김이 많이 작용하고 있기 때문입니다. 이에 대해서 앞서『삼성과 의료민영화』에서 자세히 기술한 바 있습니다.

우리나라 의료 체계는 경쟁과 독점 구조에 기반하고 있습니다. 서울의 초대형 병원을 정점으로 하는 피라미드 구조 속에서 동네 의원, 중소병원, 지방병원은 압사당하기 직전입니다. 이 같은 기형적인 의료 구조는 국민 건강에도 도움이 되지 않습니다.

국민들이 자기 동네의 의원과 친숙하게 지내고 상태가 좀 나빠지면 지역 사회 중소병원을 이용하며 정말 필요할 때만 대형병원을 이용하는 것이 정상적입니다. 건강상에 문제만 있으면 바로 서울의 초대형 병원으로 달려가는 구조는 국민들의 건강 관리에서도 심각한 왜곡이 일어나게 됩니다. 명성, 시설, 장비를 따라간다고 자동으로 건강이 따라오는 것은 아니겠지요.

경쟁과 독점 구조의 해체가 의료 정상화의 길입니다. 무엇보다도 정책의 전환이 필요하다고 봅니다. 그러나 요원해 보입니다. 정책과 제도 개선을 위한 노력과 싸움은 계속되어야 합니다. 한편으로 대안을 마련하는 것도 중요한 일입니다. 이 책에서는 강력한 대안의 하나로 협동조합을 제안합니다.

협동조합의 정신은 기본적으로 협동과 연대입니다. 그리고 민주적 운영을 기본으로 하면서 지역 사회와 같이 하려는 노력을 게을리 하지 않습니다. 협동조합기본법 시행 이후로 우리가 이전에 알던 의료생협 외에 다양한 방식의 협동조합이 가능해졌습니다. 상상력을 발휘할 공간이 생겼습니다.

저도 의료복지 사회적 협동조합의 조합원입니다. 그리고 이 책의 출판을 담당하고 있는 건강미디어협동조합은 저와 우리 조합원들이 같이 만든 협동조합으로 의료 공공성 실현을 위해 출판, 미디어, 교육, 문화 사업들을 펼치고 있습니다. 상상력을 발휘한다면 의료 분야에서 다양한 협동조합들을 만들어 낼 수 있습니다. 이 책이 의료 협동조합의 설립과 운영에 조금이라서 도움이 되기를 희망합니다.

이 자리를 빌어서 이 책의 추천사를 써 주신 한국의료복지사회적협동조합연합회 임종한 회장님, 원고를 마지막까지 읽고 꼼꼼하게 의견을 달아 주신 연합회 교육연구센터 박봉희 소장님께 감사의 마음을 전합니다. 건강미디어협동조합에서 책을 발간하는 데 절대적인 도움을 주고 계신 분들과 우리 협동조합 조합원께 감사 인

사 드립니다.

　무엇보다, 이 겨울 추운 날씨에 촛불을 밝히고 있는 국민들께 깊은 경의를 표합니다.

백 재 중

차례

1장 의료 협동조합이란? ───────── 23

2장 협동조합과 의료 혁신 ─────────────── 69

들어가며

의료 환경이 어려워지고 있다. 경제 불황으로 아파도 병원을 가지 못하는 사람이 늘고 있고 경제적 어려움으로 치료를 중단하는 사람도 늘고 있다. 평균 수명이 늘고 있다고는 하지만 삶이 그만큼 나아지고 있다고 보기 어렵다. 노인 빈곤과 질병이 긴밀한 관계 속에 노인들의 자살을 부추기고 있는 것이 지금의 우리 현실이다.

소위 재벌 병원의 등장 이후 대형병원들은 시설과 장비 위주의 무한 경쟁 속에서 줄서기에 몰두하고 있다. 덩달아 환자들도 서울에 몰려 있는 몇몇 초대형 병원의 블랙홀로 빨려 들어가면서 동네의원, 중소병원, 지방병원은 고사 위기에 처해 있다.

여기에 정부는 국민의 건강과 이를 위한 적합한 의료 환경 조성 노력보다는 규제개혁이라는 미명 아래 자본을 위한 영리병원, 원격의료 등의 정책에 매진하고 있다. 국민 건강을 위한다는 수식을 달기가 민망했는지 고용창출이라는 구호를 앞세우고 있다.

자본이 강요하는 경쟁 속에서 국민의 건강이 왜곡되고 있는 것이 안타까운 우리 현실이다. 초대형 병원의 진료는 마치 공장에서 상품을 찍어 내듯이 매끄럽게 진행된다. KTX를 타고 새벽같이 지방에서 올라온 환자들은 시설과 장비에 압도되어 여기서 자신의 건강을 구제받을 수 있다는 믿음을 좀체 버리지 못한다. 의사를 만나는 시간은 단 몇 분, 만족스럽지는 않지만 병원의 명성, 시설, 장비가 불안한 마음을 위로해 준다. 몇 분을 위해 몇 시간 또는 하루를 통째로 보내지만 자신의 병에 대해 자세히 듣지도 못하고 알지도 못한다.

의료의 경쟁 체계와 초대형 병원에 의한 독점 체계는 국민의 건강을 위해 바람직하지 않은 현상이다. 정부는 이런 왜곡 구조를 방치한 채 자본을 위한 의료 민영화 정책에만 매달려 있다. 어떻게 할 것인가?

경쟁과 독점은 국민의 건강에 결코 도움이 되지 않는다. 이를 극복하기 위해 협동과 연대의 정신을 복원하는 것이 필요하다. 지역사회를 매개로 주민들, 동네 의원, 동네의 중소병원, 그리고 지방에 있는 병·의원들이 서로 연대하고 협동하는 것이다.

이를 실천하기 위한 강력한 조직적 수단 가운데 하나가 협동조합이다. 주민들 스스로 만들어 나가는 의료생협이나 협동조합기본법 이후의 의료복지사회적협동조합(의료사협), 그리고 다른 유형의 협동조합들이 대안이 될 수 있다.

이 책의 취지는 의료에서의 협동조합 운동을 통해 기존의 경쟁과 독점 구조를 극복할 수 있는 대안을 모색해 보자는 것이다. 협동조합 운동만이 유일한 대안은 아닐 것이다. 의료 제도를 개선하기 위한 운동, 의료 공공성을 확대하기 위한 운동, 공공병원을 살리는 운동 등 다양한 노력이 병행되어야 할 것이다. 협동조합 운동이 단점도 있고 한계도 분명하지만 나름대로 충분한 의의가 있다고 생각한다.

이 책의 1장에서는 의료 협동조합의 개념과 유형, 특징에 대해 기술하고 있다. 우리가 알고 있던, 우리나라에서 발전한 생활 협동조합 방식 말고도 다양한 방식의 의료 협동조합이 존재할 수 있다는 것을 확인할 수 있다. 협동조합기본법으로 인해 우리나라에서도 실현 가능할 것으로 보인다.

2장에서는 우리나라에서의 의료 현실 속에서 협동조합들이 어떤 역할을 할 수 있을지, 협동조합 운동이 의료 혁신에 어떻게 기여할 수 있는지를 다양한 각도에서 살펴보았다.

3장에서는 전 세계 의료 협동조합의 현황과 중요 사례들에 대해 개괄적으로 기술하였다.

4장에서는 세계 각국의 의료 협동조합들을 망라하였다. 전 세계의 다양한 의료 협동조합들을 대륙별로 분류하여 기술하였다. 의료 분야에서 다양한 방식의 협동조합이 가능하다는 사실을 확인할 수 있다. 수많은 사례들의 나열이어서 지루할 수도 있는데 하나하나의 사례는 우리에게 좋은 대리 경험으로 다가올 수도 있을 것이다.

5장은 우리나라에서의 의료 협동조합의 역사와 현황에 대한 기술로 채웠다. 일제 강점기의 의료 협동조합부터 청십자와 난곡의료 협동조합, 의료생협 운동, 협동조합기본법 이후의 새로운 의료 협동조합 유형까지 살펴보았다.

의료 관련 협동조합은 의료 전문가들만의 전유물이 아니다. 의료생협의 예에서 우리가 경험하고 있듯이 주민들의 노력과 의지가 더 중요하고 결정적인 역할을 수행하게 된다. 환자와 보호자, 주민들, 지역사회 모두가 협동조합의 주인이 되어 전문가 중심의 의료를 혁신하는 데 힘을 보탤 수도 있을 것이다.

건강, 의료 분야에서 다양한 협동조합이 생겨나서 사람 중심의 의료 혁신이 이루어지기를 기대해 본다.

1장 의료 협동조합이란?

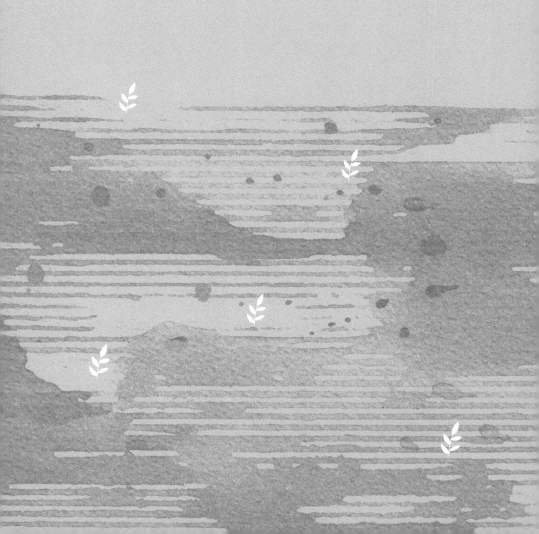

협동조합이란
무엇인가?

2012년은 유엔이 정한 세계 협동조합의 해이다. 그리고 같은 해 우리나라에서 협동조합기본법이 제정되면서 협동조합에 대한 관심이 폭발하고 있다. 협동조합기본법의 위력은 대단해서 짧은 기간 동안 다양한 분야에서 수천 개[1]의 협동조합이 새로 생겨났다. 아직은 미약하지만 여러 분야에서 변화를 일으킬 조짐들도 보인다. 협동조합에 대한 이해가 부족하기도 하고 운영이나 실무에서 미숙하기도 하지만 협동조합 현상은 이전에 보기 드문 모습이었다.

그러나 협동조합기본법 이후 설립되었던 협동조합들 중 많은 수가 실질적으로 활동을 하지 않고 있다고 한다. 쉽게 생각하고 뛰어

---

1. 2014년 현재 6,251개의 협동조합 설립(출처 : 기획재정부 보도자료)

들었다가 바로 포기하는 경우들도 생겨나고 있다. 협동조합도 기업이고 비즈니스이기 때문에 상당한 준비가 필요하다. 실무적인 준비도 많이 해야 하지만 무엇보다 협동조합 정신에 부합한 사업 내용과 사업 방식을 찾아가는 것이 중요하다. 그래야 협동조합으로 지속가능할 것이다.

협동조합기본법 제정으로 우리 사회에서 협동조합이 각광을 받고 있지만 사실 세계 협동조합의 역사는 아주 길다. 우리나라 협동조합의 역사도 거의 100년에 다가가고 있다. 우리나라의 경우 일제 강점기 1920년대까지로 그 역사가 거슬러 올라간다. 당시 다양한 성격을 가진 소비자 협동조합들이 활발하게 활동하다가 총독부에 의해 강제적으로 해산당하기도 하였다. 해방 후 관 주도의 농업 협동조합이 설립되고 민간 차원에서 신용 협동조합들이 활동하다가 1990년대 소비자 생활 협동조합들이 등장하면서 그 영역이 조금씩 확장되었다. 무엇보다도 협동조합기본법 제정 이후 5명이 모이면 설립이 가능할 정도로 절차가 간소화되고 사업 영역도 확대되었다.

이런 협동조합도 가능하구나 하는 일이 현실로 다가오기도 했다. 도시 양봉을 전문으로 하는 협동조합, 노인들의 일자리를 도모하는 협동조합, 번역가들이 모인 협동조합, 장애인들이 모인 협동조합, 미디어 협동조합, 인문학 협동조합, 책읽기 협동조합에 이르기까지 거의 모든 분야에서 협동조합들이 생겨났다. 사실 이들 협동조합들의 역사는 고작해야 몇 년이다. 이들 중 얼마나 살아남을지는 아무도 모른다. 새로 생겨나는 협동조합들도 많지만 설립 당시의 열기가 식어버린 협동조합들도 늘어가고 있다.

어려울수록 되새겨야 하는 것이 협동조합 역사와 정신이다. 협동조합이 처음 어떤 목적으로 출현하여 어떻게 유지 발전되어 왔는지, 그리고 이를 지탱해 준 힘은 무엇인지 살펴볼 필요가 있다.

세계 협동조합 운동의 역사는 우리나라보다 훨씬 더 길다. 협동조합 운동은 '로치데일 공정 선구자 협동조합'[2]으로부터 시작된다. 영국 맨체스터 인근에 있는 로치데일이라는 마을은 산업혁명의 발원지 가운데 하나이다. 1844년 로치데일에서는 파업에 실패한 노동자들이 중심이 되어 세계 최초의 협동조합이 설립된다. 산업혁명 이후 자본주의는 발전하고 있었지만 노동자들은 저임금과 고물가에 시달리게 되면서 노동자들이 직접 운영하는 소비자 협동조합의 필요성이 제기되고 있었다. 1830~40년대 일어난 노동자 참정권 운동인 차티스트 운동의 영향도 받게 된다. 이들의 목적은 노동자의 급여로는 감당하기 어려운 음식과 식재료들을 조달할 수 있는 판매 조직을 만드는 것이었다.

로치데일 협동조합은 정확한 물량과 품질, 정직한 판매 등을 기반으로 빠르게 성장했다. 특히 '로치데일 원칙Rochdale Principles'이라 불리는 민주적인 운영 원칙은 이후 수많은 소비조합에 큰 영향을 미쳤다. 로치데일 원칙은 '자유로운 가입과 탈퇴, 평등한 1인 1표 의결권, 이용 실적에 따른 이윤 배당, 출자자에 대한 이자는 제한, 정치 종교적 중립, 시가에 의한 현금 거래, 교육의 촉진' 등의 조

---

2. The Rochdale Society of Equitable Pioneers

로치데일 공정 선구자 협동조합 설립자들

항으로 구성되어 있다. 1937년 국제협동조합연맹ICA은 로치데일
원칙을 기초로 협동조합 원칙을 만들게 된다.[3]

　로치데일 협동조합의 성공 소식이 알려지면서 유럽의 여러 나라
에 협동조합이 확산되기 시작한다. 이들 나라들에서는 각각 자본주
의 발전 정도나 사회경제적 여건에 따라 다양한 방식의 협동조합들
이 설립되고 발전해 나간다. 프랑스에서는 아직 해체되지 않은 장
인과 도제 또는 농민들에 의한 생산자 협동조합들이 설립되고 독일
에서는 라이파이젠 계열의 신용 협동조합이 발전해 나간다. 이탈리
아에서는 소비자 협동조합, 생산자 협동조합, 신용 협동조합 등 다
양한 협동조합이 설립되고 덴마크나 네덜란드에서는 농업 협동조
합들이 중심이 된다. 20세기에 들어서면 협동조합이 대서양을 넘어

3. 김기섭, 『깨어나라! 협동조합』, 들녘, 2012.

가서 미국과 캐나다에도 뿌리를 내리게 되는데, 처음 신용 협동조합이 설립된다.

1884년 프랑스와 영국 협동조합 운동가들의 제안으로 국제 교류가 시작되고 11년 후인 1895년 처음으로 국제협동조합연맹ICA의 1차 회의가 런던에서 개최된다. 협동조합의 구성이나 운영 원칙에 대한 지난한 논의의 끝에 설립 40년만인 1937년 프랑스 파리 대회에서 협동조합 7대 원칙을 처음으로 정하게 되며, 설립 100주년이 되는 1995년 영국 맨체스터 회의에서 현재의 원칙을 담은 '협동조합 정체성 선언'을 발표하게 된다.

현재 국제협동조합연맹은 96개국 267개 회원 단체가 가입하고 조합원 수는 10억 명에 달하는 유엔 산하 최대 비정구기구로서, 소비자, 농업, 주택, 신용, 노동자 생산 등 모든 분야 협동조합 유형을 포괄하고 있다.[4]

협동조합은 어떤 조직이고 기존의 경제 조직 또는 사회적 조직들과는 어떤 차이가 있는가? 그리고 이 책의 주제인 의료 분야에서 협동조합은 어떤 역할을 수행할 수 있을까? 협동조합의 조직 방식에 대해 설명하면서 가장 많이 등장하는 것이 '협동조합의 7대 원칙'이다. 협동조합을 이해하려면 먼저 협동조합의 7대 원칙을 살펴보아야 할 것이다. 7대 원칙은 ① 자발적이고 개방된 조합원 제도, ② 조합원에 의한 민주적 관리, ③ 합원의 경제적 참여, ④ 자율과

---

4. 김기태, 「협동조합 운동의 유래와 역사, 의미」, 『레디앙』, 2012.7.26.

독립, ⑤ 교육훈련 및 정보 제공, ⑥ 협동조합 간 협동, ⑦ 지역사회에 대한 기여 등이다.

협동조합은 자발적으로 모여서 구성하고 민주적으로 운영되는 경제 조직이라는 의미이다. 협동조합은 기본적으로 경제 조직이다. 여기에 자발적 참여와 민주적 운영이라는 단서가 붙는다. 이를 설명하기 위해 종종 주식회사의 운영 방식과 비교하기도 한다. 현재 자본주의의 꽃이라는 주식회사와 협동조합의 차이를 꼽으라면 제일 먼저 의사결정 방식을 언급한다. 총회에서의 의사결정은 주식회사의 경우 주식의 수만큼 결정권을 갖는다. 51%의 주식을 갖는 대주주가 있다면 이 주식회사는 거의 대부분의 의사결정을 대주주 혼자 좌우할 수 있게 된다.

만약 이게 협동조합이라면 대주주도 한 표밖에 행사할 수 없다. 주식의 수에 상관없이 조합원은 모두 1인 1표를 행사하는 것이 바로 협동조합의 운영 원리이다. 경제적인 기여 지분만큼 권리를 갖고 싶은 사람이 있다면 협동조합이 아니라 주식회사를 설립해야 할 것이다. 주식회사의 경우 지분을 확보하고 지주 회사 방식을 통해 제왕적 지배가 가능하지만 민주적 운영 원리에 기반한 협동조합은 제왕적 지배가 어렵다.

우리는 경제 조직이라면 영리 목적이 우선이라는 선입견을 가지고 있다. 조직이 지속되려면 이익을 남겨야 하는 것은 맞지만 그 자체가 목적은 아닐 수 있다. 협동조합이 다른 비영리 조직들과 다른 점은 경제 활동에 대한 관념이 뚜렷하다는 점을 꼽을 수 있는데 경제 활동의 목적은 협동조합의 설립 목적이나 유형에 따라 넓은 스

펙트럼을 갖고 있다.

경제 활동을 수행하지만 영리만을 목적으로 하지 않는 경우를 사회적 경제social economy라고 부른다. 협동조합은 사회적 경제 영역에서 중요한 자리를 차지하는 조직 방식의 하나이다. 사회적 경제는 19세기 유럽에서 처음 등장하였으나 본격적으로 확대되기 시작한 것은 1970년대 유럽의 복지국가 모델이 위기에 처하면서부터이다. 복지 예산이 줄어들면서 사회적 약자들을 지원하기 위한 예산이 축소되자 이에 대응하여 민간 차원에서 기부금, 후원금 등을 가지고 시작하게 된다.

사회적 경제의 흐름은 집단 운영 방식을 중시하는 유럽식과 서비스 제공과 개별적인 관계에 치중하는 미국식으로 나뉘어 전개된다. 조직 방식도 나라에 따라 다양한 양상으로 분화하는데 재단, 자선 기관, 트러스트 등은 미국, 영국, 호주 등 앵글로색슨 국가에 몰려 있는 반면 유럽 대륙에서는 협동조합, 공제조합mutuals 들의 활동이 활발한 편이다. 의료 관련 협동조합은 스페인, 이탈리아 등에서 발달해 있고 공제 의료 기구MHO[5]는 네덜란드, 벨기에, 프랑스 등에서 상대적으로 발달해 있다.[6]

우리 사회에서 협동조합은 그리 익숙한 조직 방식은 아니었다. 농업 분야에서 농업 협동조합이 있었지만 관 주도 성격이 강해 협동조합 본연의 모습을 찾기 어려웠고, 신용 협동조합은 대형 금융 기관들 사이에서 존재감을 드러내기가 쉽지 않았다. 농산물 소비자 협동조합으로 시작한 한살림생협을 필두로 아이쿱생협, 두레생협 등 소비자 생활 협동조합들이 등장하면서 협동조합의 영역이 확대되는 계기를 마련한다. 소비자 생활 협동조합이 의료 분야에서 의료생활협동조합[7](주민 참여형 의료생협)으로 나타나게 된다.

무엇보다도 우리나라에서 협동조합이 폭발적으로 확산되기 시작한 것은 협동조합기본법이 제정되면서부터이다. 일부 분야를 제외하고 협동조합이 기본적인 경제 조직의 하나로 공인받게 된다. 일반적인 협동조합과 달리 사회적 협동조합의 방식도 가능하도록 하여 공익적 사업에서 협동조합의 역할에 대해서도 규정하고 있다. 협동조합기본법이 시행되고 짧은 기간 동안 다양한 분야에서 수천 개의 협동조합이 새로 생겨나고 있지만 지속가능한 협동조합이 얼

5. Mutual Health Organization
6. 안드케로강, 「'사회적 경제', 고삐 풀린 자본주의의 대안이 될 수 있을까」, 「르몽드 디플로마띠크」, 2009.7.3.
7. 역사와 시기에 따라 소비자생활협동조합법(1998년)에 근거한 의료생활협동(의료생협), 협동조합 기본법(2012년)에 의한 의료복지사회적협동조합(의료사협)으로 구분하고, 큰 틀에서는 의료 협동조합 운동으로 명명한다. 의료복지사회적협동조합 연합회 소속 회원 22개.

마나 되겠느냐는 우려가 있는 것도 사실이다.

  우리나라 협동조합에서는 일반 협동조합과 달리 사회적 협동조합을 분리하여 명시하고 있다. 사회적 협동조합은 취약 계층 복지서비스 지원, 일자리 창출 등과 같은 사회적 기여를 지향하는 좀 더 공익적인 협동조합 형태를 지칭한다.[8] 따라서 사회적 협동조합은 비영리 단체로 분류되어 그만큼 설립 조건은 까다롭게 해 놓았다. 반면 일반 협동조합은 설립이 비교적 자유로운 반면 지향점은 조합원들의 이해 관계를 직접 반영하는 경우가 많아 영리적 성격이 좀 더 강할 수밖에 없다, 이 경우에도 1인 1표제가 상징적으로 보여 주듯 협동조합은 조합원의 이해를 대변하지만 민주적 절차를 중요시하고 있고 협동조합 간 연대, 지역사회 기여 등의 원칙은 열린 조직으로서의 협동조합 정신을 반영하고 있다.

의료 분야의
협동조합

                          당연히 건강, 의료, 복지와 관련한 사업 분야에서도 협동조합이나 사회적 협동조합 모델은 유효하다. 우리나라에서 협동조합 모델이 확산되기 시작한 것이 협동조합기본법이 시행된 2012년인 점을 감안하면 아직 다양한 유형의 협동조합이 나타났다고 볼 수는 없다. 그동안 나름의 역사를 갖고 협동조합기

8. 협동조합기본법에서는 사회적 협동조합을 '지역주민들의 권익·복리 증진과 관련된 사업을 수행하거나 취약 계층에게 사회서비스 또는 일자리를 제공하는 등 영리를 목적으로 하지 아니하는 협동조합'이라고 규정하고 있다.

본법 이전부터 지역에서 기반을 다져온 의료생협들이 많이 알려져 있어, 의료 분야의 협동조합이라면 바로 의료생협을 연상하기도 한다. 그러나 협동조합 방식은 우리에게 많은 가능성을 제시하고 있고 실제 기본법 이후에 새로운 유형의 협동조합이 출현하기도 하였다. 그러나 아직 시간이 많이 지나지 않아 이들 신생 협동조합들이 향후 어떤 경로를 밟아 갈지는 유심히 지켜볼 필요가 있다.

오히려 의료 분야 나아가 사회적 돌봄의 분야까지 확대해서 협동조합이 발달한 외국의 사례들을 살펴보면 우리나라에서 협동조합 운동의 방향을 점검하는 데 도움이 될 것이다. 유엔이나 국제기구 등에서는 의료 분야에서 활동하는 협동조합들을 의료 협동조합 health cooperative이라 부르고 있다. 상당히 범위가 넓은 용어인데 이 용어와 관련하여 가장 폭넓게 받아들여지고 있는 정의는 1997년 유엔이 시행한 연구 보고서에 언급되어 있다.[9]

"의료 협동조합은 사업의 목적이 의료와 사회적 케어에 관심을 갖고 있는, 좀 더 자세히 설명하면 개인들에게 의료 서비스를 제공하는 협동조합 기업을 의미한다."

의료 분야 협동조합의 국제 연대체인 국제의료협동조합연맹 IHCO은 의료 협동조합의 개념을 발전시켜 다음과 같이 설명한다.

---

9. United Nations, "Co-operative Enterprise in the Health and Social Care Sectors—A Global Survey", New York, 1997.

"건강과 생활 조건을 증진하고 유지하고 개선하는 서비스의 제공을 통해 또는 의료 전문가들에게는 자기 고용을 제공함으로써 조합원들의 요구를 충족시키는 것이 주요 목표이며 자율적이고 집단적 민주적으로 운영되는 기업이다. 이들은 소비자나 공급자 또는 공동으로 그리고 지역사회의 많은 사람들이 참여하여 소유하고 운영할 수 있다."

국제의료협동조합연맹의 정의에는 협동조합이 의료 서비스를 제공한다는 점 외에도 의료 전문가들에게 고용을 제공한다는 점을 추가하고 있고 소유의 유형에 대해서도 언급하고 있다. 의사를 포함한 의료 전문가들이 협동조합을 통해 자신들의 일자리를 만들어나간다는 것은 우리에게는 생소하다. 우리나라에서 활발하게 활동하고 있는 의료생협이나 의료사협(의료복지사회적협동조합)[10]들도 의료 협동조합의 일종이다. 이들 협동조합이 의원을 개설하면 당연히 의료인들을 직원으로 고용하겠지만 고용 자체가 목적은 아니다. 반면 의료인 자신들의 일자리를 만들거나 또는 자신들이 개설한 의원이나 약국들을 지원하기 위한 협동조합도 만들 수 있다.[11] 우리나라에는 의료인의 일자리 창출을 목적으로 한 협동조합이 아직 설립되지 않았지만 이런 방식의 협동조합도 모두 넓은 의미의 의료 협동조합에 포함될 것이다. 따라서 의료 협동조합이라고 하면 활동 목적이나 조직 방식에서 넓은 스펙트럼을 갖고 있다.

---

10. 협동조합기본법에 따라 사회적 협동조합으로 인가를 받고 의료 기관을 개설하는 경우의 협동조합 유형을 지칭한다. 이전의 의료생협들이 의료사협으로 전환한 경우가 많고 나중에 설립된 협동조합의 경우 처음부터 의료사협으로 설립하기도 한다.
11. 실제 협동조합기본법 이후 개원 의사나 약국들이 모여 협동조합을 만들기도 한다.

이 책의 뒷부분에서 세계 각 나라 의료 협동조합의 사례에 대해 설명할 것이다. 나라마다 의료 협동조합의 유형이나 발전 정도가 다른데 중요하게는 그 나라별 의료 시스템의 영향을 많이 받게 된다. 그 중에서도 재정과 관련한 체계는 의료 협동조합의 발전과도 긴밀하게 연관되어 있어 지라드Jean-Pierre Girard 연구 보고서[12] 내용을 중심으로 간략하게 설명하고자 한다.

세계보건기구에 따르면 의료 시스템의 재정 또는 기금에는 다섯 종류의 일차 재원이 있는데 일반 세금, 사회적 의료보험, 민간 의료보험, 개인 부담금, 다른 민간 비용(예를 들면 자선 단체의 기부금)이 여기에 해당된다. 그리고 의료 공급 분야에서는 네 명의 주요 역할 담당자가 있는데 공공 조직 또는 준 공공 조직, 민간 영리 조직, 민간 비영리 조직, 개인으로 구분할 수 있다. 지구상에 존재하는 200여 나라들은 각각 의료 서비스 공급과 기금 마련을 위해 다섯 가지 재원과 네 가지 주요 역할자의 다양한 조합을 가지고 있다. 전체 의료비 지출에서 공공 지출이 차지하는 비중은 15%(사하라 이남 국가들)에서 85%(스칸디나비아 국가들)까지 다양하다. 다른 관점에서 보면 GDP 대비 의료 지출은 케냐, 베네수엘라의 4.7%에서 미국의 17.9%까지 차이가 난다.

의료 분야 재정 담당자 또는 서비스 공급자로서, 멤버십에 기반하고 있는 협동조합과 공제조합 같은 조직의 잠재적인 역할을 이해

---

12. Jean-Pierre Girard, "Better Health & Social Care: How are Co-ops & Mutuals Boosting Innovation and Access Worldwide?", giving examples of how co-operatives are meeting the healthcare needs of different communities, LPS Productions, 2014.(이후 '지라드 보고서', LPS Productions, 2014.로 표기)

하기 위해서는 의료 시스템의 재정 메커니즘(그리고 공급 메커니즘)을 이해하는 것이 중요하다. 예를 들어 베버리지Beveridge 모델 아래서는 협동조합이나 공제조합에 의해 제공되는 헬스플랜health plan이 공공 플랜에 대해 보충적일 수밖에 없다. 국가 의료보험 모델 아래서는 일반적으로 공공 기관이 의사들에게 지불하기 때문에 의료 협동조합은 예를 들면 의사들에게 공간을 대여하는 것 같은 비즈니스 모델을 채택할 필요가 있다.

네 가지 기본 시스템의 관점에서 레이드T.R. Reid가 요약한 내용을 개괄할 필요는 있을 것 같다.

베버리지 모델

영국 국가의료서비스NHS를 디자인한 사회개혁가인 윌리엄 베버리지의 이름을 딴 베버리지 모델은 세금을 통해 국가가 의료 서비스를 공급하고 재정도 조달하는 방식이다. 전부는 아니지만 많은 병원과 클리닉을 정부가 소유하는 경우가 많다. 의사들은 정부에 직접 고용되거나 민간 의사로 일하면서 정부로부터 비용을 받기도 한다. 이러한 시스템은 단독 지불자로서의 정부가 의사들의 행위와 비용 청구를 관리할 수 있기 때문에 인구 당 비용이 감소하는 경향이 있다.

베버리지 모델이나 변형 모델을 채택한 나라는 탄생지인 영국, 스페인, 스칸디나비아 국가들, 뉴질랜드 등을 포함한다. 쿠바는 베버리지의 극단적인 적용 모델을 대표한다. 여기는 전적으로 국가가 모든 것을 담당하는 가장 순수한 사례가 될 것이다.

비스마르크 모델

19세기에 독일 통일의 부분으로 복지국가를 만들어 낸 프로이센 수상 비스마르크Otto von Bismarck의 이름을 따라 명명된 이 모델은 급여에서 차감하는 방식으로 고용자와 피고용인이 공동 부담하는 보험 시스템을 이용하고 있다.

비스마르크 유형의 의료보험 플랜은 모든 사람을 포괄하지만 영리를 취하지는 않는다. 이 경우 의사와 병원들은 민간 소유인 경향이 있다. 예를 들면 일본은 미국보다 민간 병원이 더 많다. 이것은 다수 지불자 모델이지만(독일은 240여 개의 기금이 있다.) 엄격한 관리를 통해 단일 지불자인 베버리지 모델만큼이나 비용 조절 기능이 가능하다. 비스마르크 모델은 독일, 프랑스, 벨기에, 네덜란드, 일본, 스위스 그리고 라틴아메리카의 국가들에서 채택하고 있다.

국가 의료보험 모델

이 시스템은 베버리지와 비스마르크의 요소를 둘 다 가지고 있다. 공급자들은 주로 민간이고 지불은 정부가 운영하는 보험 시스템에서 나오는데 이는 모든 시민이 부담한다. 단일 지불자는 낮은 가격을 협상하기 위해 시장 권력을 가지려는 경향이 있다. 예를 들면 캐나다의 시스템은 제약회사와 협상해서 약값을 아주 낮게 설정한다. 미국인들은 자기 나라 약국을 가지 않고 국경 넘어 캐나다에서 약을 구입한다. 국가 의료보험 플랜은 그들이 지불하는 의료 서비스를 제한하거나 환자들의 치료를 기다리게 하는 방법으로 비용을 관리한다. 전형적인 모델은 캐나다에서 발견된다. 대만과 우리나라도 이 모델을 채택하고 있다.

자기부담 모델

전체 40개 정도의 개발 국가만이 제대로 된 의료 시스템을 갖고 있다. 지구상에 있는 대부분의 국가는 너무 가난해서 체계적인 의료 시스템을 조직하지 못하고 있다. 가난한 나라에서 부자들은 의료 서비스를 이용하고 가난한 사람은 계속 아픈 상태로 있거나 죽는 것이다. 아프리카, 인도, 중국, 남아메리카의 농촌 지역에서는 수억의 주민들이 평생을 살면서 의사를 보지 못하기도 한다. 이들은 마을의 전통적 치유자가 집에서 만든 약품으로 치료를 하기도 하는데 약은 효과가 있기도 하고 없기도 하다. 가끔은 감자나 우유와 같은 농산물, 아이 돌보기 같은 노동 제공 또는 자기가 갖고 있는 다른 것으로 치료비를 대신할 수도 있을 것이다. 아무 것도 갖고 있지 않다면 정말로 그들은 의료 서비스를 받을 수가 없게 된다.

의료 협동조합 관련 연구 현황

세계 의료 협동조합의 역사는 오래 되었지만 이에 대한 전체적인 현황을 파악해 보려는 노력은 별로 없었다. 의료 관련 협동조합들이 모여 국제 조직인 국제의료협동조합연맹을 결성한 지도 얼마 되지 않는다. 유엔과 국제의료협동조합연맹이 의료 분야 협동조합들의 현황을 파악하기 위해 노력하면서 최근에 들어와서 이에 대한 연구들이 본격적으로 이루어지고 있다.

1996년 코모Comeau와 지라드는 11개 나라로부터 각 나라의 의료 시스템, 의료 협동조합의 활동에 관한 자료를 모았다. 이 연구 페이퍼에는 복지국가가 위기에 처한 상황에서 의료 협동조합의 발전 가능성에 대한 내용이 많이 들어가 있다.[13]

1997년 2년 이상의 작업 후 유엔은 의료와 사회적 케어 분야에서 활동하는 전 세계 협동조합에 대해 개괄하는 연구 보고서를 발표한다. 이 연구의 목적은 의료 협동조합 모습에 대해 포괄적으로 보여주는 게 아니고 "…국제 협동조합 운동에서 의료와 사회적 케어 분야 발전의 전제 조건에 대해 명확하게 정의하는 것…"이다.[14]

이 연구는 의료와 사회적 분야에서 협동조합들의 역할의 중요성, 성격 등에 따라 이들을 자세하게 분류하고 있다. 전 세계 나라들에서 의료 협동조합의 발전을 돕거나 방해하는 요인들에 대해서도 다양한 통찰을 보여 주고 있다. 그리고 의료 시스템에 대한 협동조합의 영향에 대해서도 분석하고 있다. 예를 들어 민간 시스템에 기초한 미국에 비해 캐나다나 영국과 같이 복지국가 유형에 기초한 시스템의 경우 의료 협동조합의 발전에 크게 도움이 되지는 않는다.

이 조사 연구서에 따르면 1995년 당시 적어도 43개 국가에 의료 협동조합이 존재하며 5천 3백만 명 정도가 이를 이용하고 있다

13. Comeau, Y. and J.-P. Girard. 1996b. "Les coopératives de santé: une modalité d'offre des services médicaux." La revue d'études coopératives, mutualistes et associatives (RECMA) 261(3): 48-57
(http://www.recma.org/article/les-cooperatives-de-sante-une-modalite-doffre-de-services-medicaux).
14. United Nations, "Co-operative Enterprise in the Health and Social Care Sectors–A Global Survey", New York, 1997.

고 한다. 이용자들의 80% 정도는 유럽, 북아메리카 일본과 같은 선진국 국민들이었으며, 협동조합 의료 서비스 이용자의 75% 정도가 소비자 소유의 의료 협동조합에서 제공하는 서비스를 받고 있었다. 의료 협동조합들은 주로 선진국들의 의료 소비자들이 자신들의 요구를 충족시키기 위해 이용한다고 해도 과언이 아니다.

1997년에는 7개 라틴아메리카 나라들에서의 의료 협동조합에 관한 출판물이 발행되었다. 협동조합을 통해 비즈니스를 수행할 기회 등의 내용을 포함하고 있는 것으로 캐나다 협동조합연합회의 지원을 받아 국제협동조합연맹 아메리카 지부가 스페인어와 영어로 발행하였다.[15]

2003년 네이어Nayar와 라줌Razum은 전체적인 관점에서 의료 협동조합을 다루었으나 중국과 인도의 오래된 의료 협동조합 사례 분석에만 초점을 맞추고 있다.[16]

2007년 IRECUS[17]는 국제의료협동조합연맹과 캐나다 후원자들의 지원을 받아 의료 협동조합의 전 세계적 모습을 파악하기 위해 지라드의 책임 아래 연구 프로젝트를 시작한다. 연구팀은 의료 협동조합, 사회적 케어 협동조합, 의약품 협동조합, 공제조합들의 존재, 중요성, 특수성에 대한 정보를 수집하여 정리, 분석하여 2014년

15. Alianza Cooperativa Internacional, Américas. 1997. "Doing Business with health care cooperatives in the Americas", San José, ACI Américas.
16. Nayar, K. R., and O. Razum. 2003. "Health Co-operatives: Review of International Experiences", Croatian Medical Journal 44(5): 568-575. Retrieved January 10, 2014. (http://neuron.mefst.hr/docs/CMJ/issues/2003/44/5/14515415.pdf accessed 10 January 2014).
17. The Institute of the Université de Sherbrooke for the study and research of co-ops and mutuals.

보고서를 발간하는데 이는 1997년 유엔이 협동조합 의료 운동에 대한 보고서를 발행한 이후 이런 종류로는 처음이었다.[18]

이 보고서에서는 조사 대상이 된 43개국 4,961개 협동조합에 의해 운영하는 병원이나 클리닉 등에서 제공하는 의료 서비스를 전 세계 8,100만 명 이상이 이용하고 있다고 언급하고 있다. 이 중에는 농업과 같은 다른 분야의 협동조합이 조합원이나 지역사회를 위해 운영하는 시설도 포함된다. 이 보고서는 모두 2부로 구성되어 있는데 1부는 의료 협동조합과 사회적 케어 협동조합 그리고 공제조합까지 포함하여 이들의 현황과 의미에 대해 개괄적으로 기술하고 있다. 2부에서는 나라별로 나누어서 구성하였는데 그 나라의 의료 시스템과 의료 협동조합, 사회적 케어 협동조합, 공제조합의 현황과 중요한 사례들에 대해 설명하고 있다.

이 보고서에서는 가난한 사람들에게 감당 가능한 헬스플랜을 제공하는 부르키나파소의 작은 의료 공제조합부터 전국에 걸쳐 10만 명 이상의 의사들이 서비스를 제공하는 브라질의 거대한 의료 협동조합에 이르기까지 협동조합과 공제조합들이 어떻게 사람들을 모이게 하는지를 자세히 설명하고 있다. 네팔에서 의료 서비스 제공의 모델이 되고 있는 카트만두 근처 마을의 여성의료협동조합Women's Health Cooperative과 최신식 앰뷸런스와 구급장비를 갖춘 캐나다 퀘벡의 응급 구조사 협동조합에 대해서도 소개한다. 말리의 경우 공제 의료 기구를 포함하고 있고 캐나다, 영국, 베냉, 우간다는 의료 협동

---

18. '지라드 보고서', LPS Productions, 2014.

조합을 다루고 있다.

이 보고서는 일명 '지라드 보고서'로 불리며 의료 분야 협동조합 관련하여 가장 체계적이며 자세하게 관련 내용들을 담아내고 있다. 이 책에서도 상당 부분 이 보고서의 내용을 인용하였다. 단지 '지라드 보고서'라고 언급한 것은 이 보고서를 지칭하는 것으로 보면 될 것이다. 원문은 국제의료협동조합 홈페이지에서 확인할 수 있다.[19]

의료 협동조합의 역사는 오래되었지만 이들 협동조합들이 모여서 국제적인 모임을 갖거나 논의를 하기 시작한 것은 얼마 되지 않았다 1990년대부터 의료 협동조합을 주제로 한 국제 컨퍼런스가 종종 개최되기 시작했는데 이는 나라별 사례에 관한 정보를 공유하는 좋은 기회가 되었다. 이를 통해 최근의 데이터들이 모여지기는 하지만 포괄적이고 전반적으로 자료를 수집, 분석하는 작업이 원활하게 이루어지고 있지는 않다.

협동조합과 공제조합 관련 자료 부족 문제를 해결하기 위해 협동조합을 지원하는 국제협동조합연맹과 다른 조직들이 여러 연구 프로젝트를 시작하게 된다. 글로벌300리포트[20]는 전 세계에서 가장 영향력이 있는 협동조합 300개를 선정하여 이들에 대한 다양한 자료들을 제공하고 있다. 여기에는 의료 협동조합을 포함하여 여러 유형의 협동조합들이 등장한다. 한편으로는 글로벌300리포트를 계승하고 다른 한편으로는 그 한계를 넘기 위해 등장한 것이 세계협동

---

19. http://ihco.coop/2014/10/20/better-health-social-care/
20. ICA 2014b, "Global300", Webpage. (http://ica.coop/en/global-300)

조합모니터World Cooperative
Monitor[21]이다.

Euricse[22]와 공동 작업한
이 보고서의 목적은 "전 세
계적으로 상위 300개의 협
동조합과 공제조합뿐만 아
니라 조직, 지역, 분야별 다
양성을 반영하기 위해 더 많
은 수의 협동조합에 대해 경
제적, 조직적, 사회적 자료
를 모으는 것"이라고 밝히고

'지라드 보고서'의 표지

있다. 이 보고서들을 참고하면 세계적으로 가장 규모가 큰 의료 협
동조합들을 확인할 수 있고 이들 협동조합이 전체 협동조합 속에서
어느 정도의 위상을 차지하고 있는지도 가늠이 가능하다.

협동조합은 아니지만 공제조합에서 의료 사업을 수행하는 공제
의료 기구에 대한 상황은 또 다르다. 10년 기간 동안(1995~2005년)
다양한 비정부기구들(특히 벨기에 비정부기구들)의 참여와 국제노동기
구 스텝STEP 프로그램으로 많은 연구 프로젝트들이 이론적, 실천
적 관점에서 수행되었다고 한다.

21. ICA 2014c, "World Co-operative Monitor", Webpage. (http://ica.coop/en/publications/
world-co-operative-monitor)
22. European Research Institute on Cooperatives and Social Enterprises (www.euricse.
eu)

의료 협동조합의
유형

　　　　　　의료 협동조합의 유형에 대해 처음으로 자
세하게 구분한 것은 1997년의 유엔 보고서이다. 이 보고서에서는
의료 협동조합의 유형을 소유 관계에 따라 소비자 협동조합user-
owned, 공급자 협동조합provider-owned, 소비자와 공급자의 공동 협
동조합joint user and provider-owned으로 분류하고 있는데, 국제의
료협동조합연맹에서는 이 중 마지막 유형을 다중 이해 관계자
multistakeholder 협동조합으로 바꿔서 사용하고 있다.[23] '지라드 보고
서'는 다음과 같이 정리하고 있다.

- **소비자** 이 경우 조합원들은 주로 서비스의 이용자 또는 고객이다.
- **다중 이해 관계자** 최소 두 가지의 조합원 카테고리(예를 들면 소비자와 생
  산자) 또는 다른 혼합형 조합원 카테고리를 포함하게 된다.
- **생산자** 물건이나 서비스를 생산하거나 판매하는 사람들의 그룹이다.

　'지라드 보고서'는 유엔 보고서의 기본 분류를 받아들이면서 이
에 더해 사회적 케어 협동조합social care cooperative, 약국 협동조합,
헬스플랜 또는 의료 시설 관리를 제공하는 협동조합 또는 공제조합
등 몇 가지 특수한 유형을 추가로 언급하고 있다.
　이외에도 공제조합이라는 조직 방식이 있는데 이는 멤버십 기반

---

23. IHCO, "Health co-ops around world. Global background and trends from a health and
social care perspective", 2007.

이라는 점에서 협동조합과 같으나 운영 방식에서 차이가 있는 경우로 활동 영역은 겹치는 경우가 많다, 협동조합을 얘기하면서 공제조합에 대해서도 같이 이야기하는 경우가 종종 있어 이 책에서도 공제조합에 대해서 일부 언급할 것이다. 아래 서술하는 협동조합 유형과 구체적인 설명의 상당 부분은 '지라드 보고서'에서 인용하였음을 밝혀둔다.

(1) 소비자 의료 협동조합

소비자 의료 협동조합은 다른 유형의 소비자 협동조합과 마찬가지로 의료 서비스를 필요로 하는 환자나 주민들이 모여 만드는 협동조합이다. 이 경우 협동조합이 의료기관을 갖추고 직접 의료 서비스를 제공할 수도 있고 기존의 의료기관들과 협약을 통해 조합원들에게 다양한 의료 서비스를 간접적인 방식을 통해 제공할 수도 있다.

"자신들의 의료 요구를 충족시키기 위해 같은 지역 사회에 거주하는 개인들이 모여서 설립한 소비자 또는 고객 소유 의료 협동조합이다. 조합원인 소비자들이 목표와 실행 과정을 결정하기 때문에 이를 통해 의료 서비스 분야에 시민들의 참여를 가능하게 한다. 소유자인 조합원들은 보통 보험료를 미리 냄으로써 자본 형성과 운영비 조달에도 기여하게 되고, 관리자로 하여금 보험회사나 의료 공급자와 협상하도록 한다. 이런 협동조합은 직접 병원이나 의료 시설을 소유하면서 운영하게 되고 의사나 직원들도 고용한다. 이들이 제공하는 서비스는 단순 예방 서비스나 기초 보험에서부터 치료와 재활 서비스까지 포괄한다."

우리나라에서 발달한 의료생협은 소비자 의료 협동조합의 한 유형으로 직영 의료기관을 개설하고 조합원들에게 서비스를 직접 제공하는 방식이다.

(2) 공급자 의료 협동조합

반면 공급자 의료 협동조합은 공동 구매를 하거나 경영 지원, 기술적 지원 등의 필요성 때문에 의사와 같은 의료 전문가나 이를 지원하는 사람들이 모여서 만든 협동조합의 유형이다.

대표적인 협동조합으로 브라질의 유니메드와 스페인의 에스프리우재단이 있다. 우리나라에서 의사들이 모여 만든 협동조합은 최근에 비뇨기과의사회협동조합이 있는데 이는 개별적으로 활동하고 있는 의사들이 모여 경영 지원, 정보 제공, 쇼핑몰 운영 등의 사업을 하고 있다. 의료 서비스 제공이 직접적인 사업 목표는 아니다.

(3) 다중 이해 관계자 의료 협동조합

다중 이해 관계자 의료 협동조합은 소비자, 공급자, 직원, 자원봉사자 등 다양한 이해 관계자들이 모여서 만드는 협동조합이다. 다중의 이해가 모이다 보니 공익적 성격을 갖는 경우가 많다.

대표적인 다중 이해 관계자 협동조합은 사회적 협동조합들이다. 사회적 협동조합은 전 세계에서 다양한 이름으로 불리고 있는데 이탈리아의 경우는 사회적 협동조합social cooperative, 프랑스에서는 공익 협동조합collective interest cooperative[24], 포르투갈에서는 사회적 연대 협동조합social solidarity cooperative, 캐나다 퀘벡 주에서는 연대 협동조합solidarity cooperative[25]이라고 부르고 있다.[26] 이 유형의 협동조합에는 소비자, 직원, 자원봉사자, 수혜자, 공공기관의 대표 등 둘 이상의 이해 관계자가 협동조합의 조합원으로 참여하게 된다.

우리나라의 협동조합기본법(2012년)에서 다중 이해 관계자 협동조합은 여러 유형의 조합원이 참여하는 경우 일반 협동조합에서도 가능하며 사회적 협동조합은 법에 따로 구분하여 규정하고 있다. 기본법에 따르면 의료 서비스를 제공하는 사회적 협동조합은 의료 복지 사회적 협동조합으로 분류하고 있는데 이는 소비자 중심의 의료생협을 넘어 공익적 성격이 강조되는 다중 이해 관계자 협동조합인 셈이다. 이에 따라 기존 의료생협들이 의료 복지 사회적 협동조합으로 전환하고 있다.

(4) 사회적 케어 협동조합

의료 협동조합이 직접 의료 서비스를 제공하거나 이와 밀접한 관계가 있는 한편, 의료 서비스가 아닌 사회적 돌봄 서비스를 제공하는 협동조합들도 있다. 이를 사회적 케어 협동조합이라고 부른다. 이에 대해 1997년 유엔 보고서는 다음과 같이 쓰고 있다.

---

24. Société coopérative d'intérêt collectif.
25. Coopérative de solidarité.
26. 장종익, 「최근 협동조합섹터의 진화」, 『한국협동조합연구』, 제32집 제1호, 2014.4.

"이 유형은 서비스를 필요로 하는 이용자에게 사회적 케어 서비스를 제공하는 것을 일차적이며 유일한 목적으로 하는 협동조합이다. 사회적 케어를 필요로 하는 사람들로 구성된 협동조합과 주로 비슷한 상황에 처한 사람들로 구성되어 있지만 사업 목적이 다른 협동조합은 구분되어야 한다. 예를 들면 조합원들이 청년들이고 사업 목적이 자신들 또는 조합원이 아닌 다른 청년들에게 사회적 케어 서비스를 제공하는 것이라면 사회적 케어 협동조합 유형에 포함시켰다. 반면 조합원이 청년들이지만 사업 목적이 고용이나 수입 증가에 맞춰져 있다면 이는 제외하였다."

여기에도 소비자, 다중 이해 관계자, 생산자의 세 유형이 존재하지만 다중 이해 관계자 협동조합 모델을 따르는 경우가 많다. 이러한 사회적 협동조합의 목적은 조합원과 이들에 의지해 살아가는 사람들의 생활을 유지하고 이 수준을 개선하는 데 있다.

사회적 케어 협동조합은 조합원과 부양가족의 생활 유지와 개선에 중요한 역할을 수행한다. 사회적 케어 협동조합은 대개 일자리를 포함한 서비스를 제공한다. 비용은 이용자를 대신하여 외부 기금 대개는 공적 기금으로부터 지원 받는 경우가 많다. 사회적 케어 협동조합은 장애인, 노인, 정신 질환자와 같은 취약 계층에게는 중요한 역할을 담당한다. 사회적 케어 협동조합은 다음의 취약 계층에 서비스를 제공할 수 있다.[27]

- 영아, 어린이, 청년, 노인과 같이 나이에 따른 신체적 조건이나 사회문

27. '지라드 보고서', LPS Productions, 2014.

화적 차별로 고통 받는 사람들

- 장애와 관련한 신체적 조건이나 사회문화적 차별로 고통 받는 사람들
- 마약이나 알콜과 같은 물질 중독으로 고통 받는 사람들
- 고아나 독거노인과 같이 물질적, 감정적 지원 시스템과 관련하여 심각한 결핍으로 고통 받는 사람들

　국제의료협동조합연맹이 담당하는 분야도 의료와 사회적 케어 분야 둘 다이다. 용어가 비슷하긴 한데 사회적 협동조합은 협동조합의 공익적 측면을 언급하는 것이고 사회적 케어 협동조합은 사회적 돌봄이라는 사업 분야에 대한 개념이다. 직접적인 의료 서비스보다는 사회적 돌봄과 같은 서비스를 제공하는 협동조합이다. 이 개념은 1997년 유엔의 보고서에도 등장하고 있고 이후 국제의료협동조합연맹의 연구에도 그대로 인용되고 있어, 의료 협동조합과 같이 언급하는 경우가 많다. 하지만 의료 서비스와 돌봄 서비스를 같이 제공하는 협동조합들도 많아 둘을 명확하게 구분하기 어려운 경우도 종종 있다.

　우리나라에서는 협동조합기본법에서 사회적 협동조합에 대해서만 규정하고 있고 사회적 케어 협동조합에 대해서는 별도의 규정이 없다. 장애인, 노인, 정신 질환자 등 취약 계층에 대한 돌봄 서비스 제공이나 일자리 제공과 같은 사업을 주 목적으로 하는 사회적 케어 협동조합들이 대부분 사회적 협동조합으로 등록하는 경우가 많다. 사회적 케어가 아닌 의료기관을 설립하여 직접 의료 서비스를 제공하는 의료복지 사회적 협동조합 같은 경우도 사회적 협동조합

(보건복지부 인증)으로 등록하고 있다.

(5) 의약품 협동조합

보건 의료 분야에서 약국과 제약 산업은 아주 중요한 부문 중 하나이다. 이들은 현대 의료의 한 파트를 구성하고 있으며 심지어 핵심적인 파트라고 얘기하기도 한다. 의약품 협동조합[28]은 의약품과 관련하여 생산, 도매, 소매 등과 관련하여 형성된 협동조합들을 지칭한다. 소비자 소유의 일차 의약품 협동조합은 소비자들이 소유하는 소매 약국 협동조합의 형태로 부수적으로 도매업을 하기도 한다.

약국들의 이차 협동조합 네트워크[29]에 대해 1997년 유엔 분류는 두 가지 유형을 제시하고 있다. 첫째는 소비자 소유 협동조합 소매 약국이 모인 이차 협동조합으로, 약국들이 공동 구매와 판매, 일상 서비스 업무 수행을 위해 그들 자신의 이차 네트워크를 구성하는 것이다. 두 번째로, 독립적인 영리 약국들이 이차 협동조합 방식으로 자신들의 네트워크를 구성하기도 한다. 협동조합은 구매와 판매, 도매, 일상 업무 등을 담당하며 수직적으로 확장하여 의약품이나 의료기기 생산 자회사를 거느리기도 한다.

의약품 분야에서는 소매 약국부터 의약품 생산까지 협동조합 모델이 넓게 적용되고 있다. 어떤 나라에서는 협동조합이 의약품 분야에서 리더 역할을 수행하는 곳도 있었다. COPIDROGAS는 콜롬비아의 협동조합으로 2012년 매출 기준 두 번째로 큰 협동조합이

---

28. Primary level user-owned cooperative pharmacies
29. Secondary-level cooperative networks of pharmacies

다. 독일에서 노웨다NOWEDA는 연간 매출이 62억 달러에 근접하고 있다. 터키에서 5개의 의약품 도매 협동조합 회원을 갖고 있는 전국약사협동조합연맹TEKB은 전국적으로 13,000개의 시설이 있으며 4만 명의 직원을 고용하고 있다. 벨기에의 의약품 협동조합은 전체 시장의 20% 가까이 차지하고 있다.

의약품 협동조합은 많은 나라에서 발달해 있지만 단일한 국제 협의체나 우산 조직은 아직 없다. 몇몇 협동조합은 소비자 약국 협동조합으로 소비자연맹의 멤버인 경우도 있으며 어떤 경우는 생산자 협동조합인 경우도 있다. 여전히 제약 부문에서 활동하고 있는 곳도 있으나, 생산에서 배포까지, 운송, 보관 그리고 다른 물류 분야에 관심이 모이고 있다.

많은 나라에서 약국들은 의료 서비스 제공에 참여하는 의료 협동조합이나 다른 협동조합 또는 공제조합과 긴밀하게 연결되어 있다. 간혹 약국들은 소비자 협동조합 조직에 통합되어 있는 경우도 있다. 스위스[30]나 캐나다[31]가 이런 경우에 해당한다.

약국 협동조합 모델은, 의약품 구입비용의 경제적 부담 여부가 중요한 이슈인 아프리카에서는 뿌리를 내리지 못한 것 같다. 마다가스카르에서 지역 사회 경험 사례가 있다고 하나 사업을 중단한 것으로 보인다.

우리나라에서는 1990년대 전남 나주에서 협동조합을 표방하지는 않았으나 농민들이 성금을 모아 세운 농민 약국의 시도가 있었

---

30. Association of COOP Vitality with the Coop Suisse Group
31. Association of The Medicine Shoppe with Coop Atlantic

다. 협동조합기본법 이후 개인들이 개설한 독립적인 약국들이 모여 이차 협동조합 네트워크를 구성하는 움직임이 있다.

(6) 헬스플랜 또는 의료 시설 관리를 제공하는 협동조합 또는 공제조합

지역 사회에 기반하는 의료재정·보험체계CBHS[32]로 알려진 공제 의료 기구 또는 보험 협동조합이 주민들의 의료비용 조달을 준비하기 위한 헬스플랜 제공 사업을 수행하고 있다. 이들 외에도 신용 협동조합의 보험자 회사 또는 신용 협동조합이 소유하는 보험회사 등이 있으며 이들도 보험 상품을 팔거나 의료 시설 관리 사업들을 수행하기도 한다.

협동조합, 공제조합 또는 멤버십 기반 조직의 하부 조직들이 의료 서비스 특히 헬스플랜의 측면에서 중요한 역할을 수행하기도 한다. 국가 의료 보장 시스템이 발달해 있지 않은 많은 저소득 국가에서는 이런 조직들이 전면에 나서기도 한다. 헬스플랜을 제공하는 협동조합이나 공제조합 같은 멤버십 조직의 역량은 보건 의료 국가 재정이 어떻게 조직되느냐에 따라 달라지기 때문에 이 문제에서 국가의 역할은 과소평가 되어서는 안 된다.

저소득과 중소득 국가에서는 리스크 풀링risk-pooling이 기초 서비스 자기 부담 비용을 떠맡아야 하는 개인이나 가족에게 중요한 메커니즘으로 남아 있다. 여기서 여러 가지 방식의 시도들을 보여 준다.

• 지역 사회 기반(아프리카의 경우 흔하다)이거나, 모로코 공무원 공제조

---

32. Community-based Health Financing/Insurance Scheme

합인 MGPAP[33]처럼 직장 기반으로 조직되는 공제 의료 기구들
- 케냐의 협동조합 보험회사CIC[34]처럼, 감당할 만한 비용으로 헬스플랜을 제공하는 보험 협동조합
- 많은 라틴 아메리카 국가에서 헬스플랜을 제공하는 신용 협동조합

공제 의료 기구가 특정 인구 집단에서 필수 의료 서비스에 대한 헬스플랜을 제공하는 유일한 조직인 경우도 있다. 대표적인 경우가 르완다의 사례이다. 최근에는 이런 나라들이 의료 측면에서 인상적인 발전을 이루고 있다. 르완다에서는 인구의 90%가 공제 의료 기구의 수혜 대상이다. 이는 헬스플랜의 제공에서 보편적 의료보장 UHC과 멤버십 기반 조직들의 적극적인 참여 사이에 모순의 여지가 없다는 사실을 보여준다.

1994년 제노사이드 이후 르완다는 국민들의 건강 상태를 증진시키기 위해 여러 가지 방안을 도입했다. 분만의 측면에서는 지역 보건 센터에서 시작하여 광역 또는 중앙 단위 병원으로 진행해 나가는 분권화되고 다층적인 시스템을 디자인했다. 기금의 측면에서는 전국에 퍼져 있는 공제 의료 기구들의 결정적인 역할을 공식적으로 인정한다. 공제 의료 기구는 멤버십이 자발적이고 프리미엄 비용 지불은 경제적 상태에 따라 한다는 원칙을 가지고 있었다. 결과적으로 2010년에는 공제 의료 기구를 통해 전 국민의 91%가 보험을 갖게 되었다. 이는 세계보건기구가 꿈꾸던 보편적 의료보장 전략에

---

33. Mutuelle Générale du Personnel des Administrations Publiques
34. Co-operative Insurance Company

서 공제 의료 기구들이 포괄적인 파트너로서 역할을 할 수도 있다는 확고한 증거이다.[35]

세계에서 가장 가난한 나라 중 하나인 부르키나파소는 188개 공제 의료 기구가 활동하고 있는데 이들의 회원은 10만 명에 이른다. 공제 의료 기구에 가입하는 가장 중요한 이유는 서비스(의료 질과 지리적 접근성)를 위한 재정을 얻을 수 있다는 점 때문이다. 최근에는 많은 아프리카 국가들이 공제 의료 기구와 협동조합 같은 멤버십 기반 조직들을 위해 법 제도를 변경하기도 했다.

말리의 경우 2011년 국제노동기구 보고서는 공제 의료 기구의 역할에 대해 언급한 바 있다. 말리에는 80개의 공제 의료 기구들이 있고, 이들은 UTM[36]이라는 이름으로 우산 조직을 형성하고 있으며 마을 단위에서 5,200명에 이르는 수혜자, 9개 주요 타운에는 60,000명의 수혜자가 있다고 한다.

콩고민주공화국에도 몇 개의 공제 의료 기구 조직이 있다고 한다. 2012년 콩고의 수도에 설립된 한 공제 의료 기구[37]는 설립 후 6개월 만에 회원이 이미 1,219명에 이르렀고 이들은 지원 조직[38]을 통해 혜택을 받고 있었다.

고소득 국가에서도 공제조합의 역할이 헬스플랜의 의미에서나 의료 서비스 제공의 측면에서 매우 중요한 경우가 있다. 프랑스

---

35. '지라드 보고서', LPS Productions, 2014.
36. Union Technique de la Mutualité Malienne
37. Tosungana-Lisanga in Kinshasa
38. Centre général d'accompagnement desmutuelles de santé

의 하모니뮤추얼Harmonie Mutuelle은 클리닉, 병원, 데이 케어 센터와 같은 시설들의 네트워크를 구성했다. 영국에서는 베넌든헬스Benenden Health와 공공 기관이 다른 방식으로 활동하는데 공제조합은 보충적인 의료보험을 제공하면서 병원을 소유하고 있다.

네덜란드의 아크메아Achmea는 생명보험과 비생명보험의 헬스플랜을 제공하는데, 네덜란드 국민의 절반 가까이가 가입해 있다. 그리고 다른 유럽 7개국과 호주에서도 시장을 점유하고 있다. 아크메아는 전체 8백만 명의 소비자가 있으며 네덜란드에서 17,000명, 해외에서 4,000명의 직원을 고용하고 있다.

1989년 해산한 우리나라의 청십자의료협동조합과 난곡희망의료협동조합도 소비자 협동조합 유형이다. 동시에 우리나라에 공적의료보험이 도입되기 이전 협동조합 방식을 통해 이를 해결하고자 했던 민간 의료보험, 즉 헬스플랜 협동조합이었다.

의료 협동조합의
특징과 역할

(1) 일차 또는 이차 사업으로서의 의료와 사회적 케어

의료 분야 사업을 일차 목적으로 하는 곳이 전통적 의미의 의료 협동조합이다. 유럽에서는 이런 의료 협동조합의 활동이 두드러진다. 스페인의 에스프리우재단Espriu Foundation 협동조합은 거대한 의료 네트워크를 구성하고 있다. 프랑스에서는 공제조합이 수백 개의 보건 의료 시설을 소유하면서 운영하고 있으며 독일에서는 노웨다라는 약국 협동조합이 독일에서 가장 큰 기업 150위에 들어간다. 이탈리아의 라찌오Lazio 지역에서는 의료와 사회적 케어 협동조합들이 포괄적이고 지속적인 케어를 제공하기 위해 컨소시엄을 형성하기도 하였다.[39] 일본과 한국에서는 소비자들이 설립하는 의료 협동조합들이 활발하게 활동하고 있다.

의료와 사회적 케어가 활동의 이차, 삼차 범주에 해당하는 협동조합들도 있다. 저축과 신용, 농업, 커피 생산과 같은 분야의 협동조합이 이차, 삼차 활동으로 의료 관련 사업을 하는 경우이다. 일본의 농업 협동조합은 조합원들의 복지를 위해 별도의 협동조합 방식으로 전국에 걸쳐 의료 기관을 설립 운영하고 있다. 아시아나 아프리카의 커피 협동조합 역시 조합원들을 위해 의료 서비스를 제공하는 경우도 있다.

처음부터 다양한 분야의 사업을 목적으로 하는 다목적 협동조합도 있다. 그것은 분야 자체와는 상관없이 지역 개발을 증진시키기 위한 조합원들의 손 안의 도구와 같은 역할을 한다. 다목적 협동조합들이 조합원과 지역사회의 안녕을 위해 경제적(상품 생산), 사회적 활동(의료와 사회적 케어)을 결합하는 경우가 아주 흔하다. CECOSESOLA[40]는 베네수엘라 중앙에 위치한 협동조합으로 농업 생산, 소규모 농가공, 장례 서비스, 운송 사업 등에 참여하고 있으며 예금과 대출 및 의료 서비스도 제공하고 있다.

---

39. Rebecca Harvey, "The unknown contribution of healthcare co-operatives", Co-operative News, 14 October 2014. (www.thenews.coop)
40. Central Cooperativa de Servicios Sociales

(2) 멤버십 기반

협동조합은 기본적으로 멤버십 기반 조직이다. 의료 협동조합은 멤버십 측면에서 볼 때 아주 다양하다. 의사들에 의해 시작될 수 있는데 이 경우는 생산자 협동조합이 된다. 의료 서비스를 이용하는 소비자들이 설립자가 될 수도 있는데 이 때는 소비자 협동조합에 해당된다. 소비자, 생산자, 직원, 자원 봉사자 등 다양한 이해 관계자들이 참여할 수도 있는데 이 경우는 다중 이해 관계자협동조합이다.

협동조합 조합원들이 나중에 멤버십의 변경을 요구할 수도 있다. 예를 들면, 소비자 협동조합으로 시작했다가 다양한 요구를 반영하기 위해 다중 이해 관계자 협동조합으로 변경하기도 한다. 우리나라에서 소비자 협동조합으로 출발한 의료생협이 협동조합기본법 이후 다중 이해 관계자 협동조합인 의료사협으로 진화해 나가는 경우가 여기에 해당될 것이다.

협동조합은 아니지만 공제조합의 경우도 멤버십에 기반하고 있다. 마찬가지로 조합원들의 요구를 반영하는 사업들을 수행하고 있으며 의료 분야 특히 헬스플랜 분야에서 중요한 역할을 수행한다. 의료 분야가 아닌 다른 분야의 협동조합들이 의료 서비스를 제공하기도 하며 처음부터 다목적 사업을 수행하는 협동조합들이 의료 분야에서 활동하기도 하는데 대개 조합원들의 요구에 부응하기 위해 사업을 시행하는 경우가 많다.

(3) 의료 분야 사업 활동 범주

'의료 협동조합이란 무엇인가?'라는 질문에 가끔 '병원'이라는 자동 답변이 나오기도 한다. 이는 주로 치료 서비스를 언급하는 것이다. 협동조합은 치료뿐만 아니라 건강증진과 예방 그리고 재활의 범주 모두에서 활동이 가능하다. 치료 사업의 경우는 가시적인 면이 확실하기 때문에 이런 사업을 통해 사람들을 모으고 기금을 마련하는 것이 좀 더 수월할 수 있다.

건강 증진이나 질병, 장애의 예방도 지속가능한 비즈니스 모델로 협동조합의 활동 내용이 될 수 있다. 그러나 건강 증진이나 예방 활동의 경우 그 결과가 긴 시간이 지나야 알 수 있기 때문에 개인들은 이에 대한 비용을 쉽게 지불하려 하지 않을 것이다. 이런 경우에는 자원 봉사자들의 지원을 받거나 외부 기금의 후원을 받는 게 나을 수도 있다. 국가의 다양한 정책적 지원도 고려해 볼 수 있다. 협동조합들은 조합원들의 이런 요구를 충족시켜야 하기 때문에 그 자체로 지속 가능하지는 않지만 그런 활동이나 프로그램 이벤트에 기금을 사용하기도 한다. 대신에 협동조합들은 다른 활동이나 기부 캠페인을 통해 마련한 기금 등으로 이를 충당해야만 한다.

협동조합의 가치는 의료와 사회적 케어를 결합할 때 생길 수 있다. 협동조합들은 헬스케어에 더해 조합원들의 사회적 웰빙을 증진시키는 게 중요하다는 사실을 알고 있다. 기술적 뒷받침이 되고 지속가능한 비즈니스 모델이 성립되기만 한다면 조합원들의 다양한 요구를 만족시키기 위해 노력하게 된다.

마지막으로 의료를 수행하는 다양한 방식들에 대해서도 관심을 가질 필요가 있다. 서양에서 출발한 협동조합이나 공제조합들이 의료에서 주로 서양 의학에 근거한 접근 방식을 채택하고 있지만 대증 치료, 대체 의학 같은 전통 의학 분야에서도 협동조합들이 활동할 수도 있다. 우리나라에서는 한의학이 공식적인 영역에 포함되어 있고 실제 의료 협동조합에서 한의원을 개설한 곳도 많다. 다른 나라에서는 전통 의학이나 자연 의학을 위해 모인 사람들이 협동조합을 설립하여 활동하기도 한다.

(4) 기금 조달의 문제

의료 분야에서 활동하는 협동조합에서 자금을 조달하는 방법은 단순하지 않다. 이 범주는 국가나 준 국가 조직의 역할이나 규칙에 의해 크게 영향을 받기 때문이다. 공공선이나 공공 이익을 대신하여 국가는 보건 의료에서 적극적인 역할을 수행하며 이는 큰 의미가 있다. 몇 년 전만 해도 세계보건기구는 모든 사람이 재정적 어려움 없이 필요한 의료 서비스를 얻을 수 있도록 보편적 의료 보장에 정부가 적극적으로 참여할 것을 촉구하기도 했다.

지라드의 보고서에 따르면[41] 전체 의료비 지출에서 공공 부문의 비중이 85%에 이르는 경우도 있는데 이런 경우라면 공제조합이나 보험 협동조합의 역할은 제한적일 수밖에 없다. 반면 가난한 나라라면 공공 부문의 지출이 15% 정도로 낮은 경우도 있는데 그만큼 감당 가능한 헬스플랜과 외부 지원의 여지가 더 커지게 된다. 또한 국가는 의료 서비스의 제공, 직원 고용, 진료소나 병원의 소유와 운영에도 깊숙이 관여할 수 있다. 그만큼 국가의 역할의 커지면 커

41. '지라드 보고서', LPS Productions, 2014.

질수록 민간 부문에서 활동하는 협동조합의 역할은 줄어들 수밖에 없다.

협동조합들이 수익원을 포함하여 비즈니스 모델을 디자인할 수 있는 방식은 국가나 미래의 고객이 처한 상황 즉 제3의 지불자 존재 유무에 따라 크게 달라진다. 협동조합들은 다음의 수익원들 중 하나 이상에서 의료 사업을 위한 자금을 조달할 수 있다.

- 국가나 공공 기관, 준 정부 기구와의 서비스 계약
- 개인
- 공급자
- 보험 시스템(사용자가 사용료를 지불하는 방식도 가능하다)
- 기부금

(5) 의료 보험자로서의 역할

현재 우리나라에서 의료 협동조합들이 직접 의료보험 관련 사업을 수행하지는 않고 있다. 전국적인 공적 의료보험이 시행되기 이전에 청십자의료협동조합 등에서 민간 의료보험을 운영하기는 하였으나 공보험이 전면화되면서 사업을 중단한 바가 있다.

세계적으로 볼 때 협동조합은 의료보험 분야에서도 중요한 역할을 수행하고 있다. 2백 년 전에 처음 공제 조직들이 질병에 대해 보험을 시작한 이래 협동조합과 공제조합들이 복지 국가에서처럼 헬스플랜 분야에서 진일보하였다. 국가 복지 시스템에서 의료보험을 언급할 때 우리는 강제적인 제도와 자발적인 제도를 구분한다.

강제 의료보험은 국가 의료 서비스NHS를 통하든 건강 보험 기금 health insurance funds을 통하든 기본적인 보장을 제공하게 된다. 자발적인 의료보험은 다음과 같이 분류할 수 있다.

- **치환적**substitutive : 강제 의료보험과 동일한 보장을 제공한다. (강제 보험에서 배제되었거나 참여하지 않은 사람들에게)
- **보충적**supplementaly : 강제 의료보험에 대해 보충적인 서비스와 보장을 제공한다. (더 빠른 접근 또는 더 다양한 소비자 선택 범위와 같은)
- **보완적인**complementary : 공동 지불/지불 공유 또는 법에서 정한 시스템에서 배제된 추가 서비스에 대해 보장한다.
- **이중적인**duplicative : 국가의료 시스템과 별개로 서비스와 보장을 제공한다.

헬스플랜 관련하여 공제조합은 중요한 역할을 수행한다. 특정 집단 내에서 시행되는 공제조합의 경우는 다음과 같이 다양한 방식으로 보험 사업을 진행할 수 있다.[42]

- 강제 의료보험
- 강제 의료보험과 자발적인 의료보험, 동시에
- 자발적인/보충적인 의료보험(강제 의료보험에는 참여 않음)

---

42. '지라드 보고서', LPS Productions, 2014.

제한된 자원으로 인해 국가의 역할이 크지 않은 가난한 나라에서는 협동조합이나 공제조합의 역할이 커질 수밖에 없다. 세금에 기반하는 보편적 의료 보장은 요원한 경우가 많다. 이런 나라들에서 대부분 국민들의 의료비는 자기 부담으로 조달하게 된다. 어떤 나라들에서는 멤버십에 기반한 공제 의료 기구가 중요한 역할을 수행하기도 한다. 공제 의료 기구는 다음과 같이 정의된다.

"모든 회원들의 연대에 기반하며 영리 목적이 없는 자발적인 결사체로 회원들이 내는 기금과 회원들 자신 또는 관리 조직의 결정에 의해 자신들이 직면하고 있는 사회적 위험에 대해 회원들 간 상호 부조를 증진하기 위한 활동을 수행한다."

그러므로 공제 의료 기구는 특별히 건강 문제 관리에 집중할 수 있다. 이 조직은 회원들과 그 가족들에게 기본적인 의료 서비스를 보장하는 감당 가능한 헬스플랜을 제공할 수 있다. 이것은 지역 또는 전문적 지위(예를 들면 공무원과 같은)에 기초할 수도 있다.[43] 공제 조직에 의한 의료비 조달은 유럽에서는 프랑스나 벨기에에서 발달해 있고 이에 영향을 받은 아프리카 여러 나라에서도 중요한 역할을 수행하고 있다.

---

43. '지라드 보고서', LPS Productions, 2014.

(6) 사회 안전망과의 연계

사회적 약자를 위해 사단법인, 재단법인, 협회 등 다양한 비영리 비정부 기구들이 활동하고 있는데 협동조합도 마찬가지로 이런 임무를 수행할 수 있다. 의료 협동조합과 사회적 케어 협동조합들은 장애인, 노인, 여성 등 사회적 약자를 위해 다양한 활동들을 수행하고 있다. 이들에게 필요 서비스를 직접 제공하기도 하고 스스로의 조직을 통해 자신들의 고용 문제나 자활 문제를 해결하기도 한다. 난민이나 이주민, 원주민을 위해 활동하는 협동조합들도 있고 고문 피해자들을 위해 활동하는 협동조합도 있다.

의료 협동조합의 발전에 영향을 미치는 요인들

의료 분야 협동조합들의 설립과 발전이 항상 순조롭지만은 않다. 그 나라의 의료 시스템에서 협동조합이 결정적인 역할을 수행할 정도로 발전한 경우도 있고 협동조합의 존재가 아주 미미하여 있는지 없는지 모르는 경우도 있다. 그리고 협동조합의 유형이나 발전 방향, 발전 속도도 각 나라별 상황에 따라 차이가 많다.

1997년 유엔 보고서는 의료 협동조합 발전에 영향을 미치는 요인 여덟 가지를 제시하고 있다.[44]

---

44. United Nations, "Co-operative Enterprise in the Health and Social Care Sectors—A Global Survey", New York, 1997.

① **의료와 사회적 케어에서 공적 책임의 정도** : 협동조합이 의료와 사회적 케어 분야에 참여해서 비정부 기업으로서 성공적으로 운영될 수 있느냐를 결정한다.

② **협동조합에 대한 정부의 입장** : 협동조합에 대한 정부의 인식, 정책, 법률, 행정 절차들이 중요하다.

③ **협동조합에 대한 시민들의 인식** : 시민들이 협동조합을 정부가 제공하지 못하는 서비스를 효과적으로 제공해 줄 수 있는 방식으로서 인식하는 것이다.

④ **협동조합 운동에 대한 인식과 자본 조달** : 협동조합이 이 분야에 참여할 여지가 있고, 정부의 인식도 비우호적이지 않으며, 시민들도 협동조합 방식에 익숙하다면 그 다음 중요한 것은 이 분야에서 협동조합 기업이 어떤 방식으로 참여하는 것이 적절한가이다.

⑤ **의료와 사회적 케어에서 다른 이해 관계자들의 인식과 입장** : 이것은 앞의 요인들처럼 중요하다. 의료 협동조합을 지원하고 발전을 추동할 수 있는 다른 이해 관계자들에는 노동조합, 전문가 집단, 소비자 연합 그리고 여성, 어린이, 노인과 같은 취약 계층에 관심을 갖고 있는 여러 조직들이 해당된다.

⑥ **의료와 사회적 케어 분야 전문가들의 인식과 입장** : 이 분야 협동조합의 발전에서 정부에 고용되거나 연계되지 않은 전문가들의 인식과 입장이 중요하다. 전문가들은 협동조합 발전에 우호적이나 중립적이거나 비우호적일 수 있으며 심하면 적극적 반대자일 수도 있다. 시장에서 서로 경쟁할 수 있기 때문이다.

⑦ **사용자를 포함하는 사회의 다른 이해 관계자들의 인식과 입장** : 다른 이

해 관계자들은 의료와 사회적 케어 보험 제공에 관하여 국가 의료 보장 시스템에서 책임을 지고 있을 수 있기 때문에 협동조합이 어떻게 자신들을 도울 수 있을지에 대해 입장을 갖고 싶어 한다.

⑧ **기술적 조직적 결정 요인들** : 앞에서 얘기한 모든 조건들이 만족되더라도 마지막으로는 자본 조달과 기술적인 분야나 관리 분야의 인력을 구할 수 있느냐가 중요해진다.

의료 분야 협동조합이 제대로 발전하려면 국가와 시민들 그리고 다양한 이해 관계자들의 협동조합이 어떤 조직인지 그리고 의료와 사회적 케어에 어떻게 기여할 수 있는지에 대한 인식이 필요하다. 우리나라에서 의료 협동조합에 대한 인식은 1990년대 중반 이후 설립되어 발전하기 시작한 의료생협[45] 방식의 협동조합이 거의 전부일 것이다. 의료보험이 없던 시기 활동했던 일종의 의료보험 제공을 주 사업으로 설정했던 의료 협동조합들은 공적 의료보험 시행으로 토대를 상실하고 해산하게 되어 현재 이를 모델로 삼는 것은 무리이다.

공적 의료보험의 전국적 시행이라는 조건 속에서 소비자인 지역 주민들이 직접 믿고 찾을 수 있는 병원을 설립하기 위해 시작한 참여형 의료생협 운동[46]은 이제는 많이 알려져 긍정적인 역할에 대해 사회적 인정을 받고 있다. 적정 진료에 대한 믿음, 다양한 소모임 활동을 통한 자기 건강 관리, 사회적 소통, 민주적 의사 결정 등 협

---

45. 1994년(안성) 출발한 주민 참여형 의료생협
46. 의료복지사회적협동조합연합회 소속 22개 회원조합, 2016년 현재.

동조합의 장점들은 소비자인 주민들에게 협동조합에 대한 참여 동기를 제공해 주고 있다.

그러나 의료 전문가인 의사들 사이에서 의료생협 방식은 사무장병원[47] 정도로 인식되고 있다. 유사 의료생협의 번성으로 의사들 사이에서 의료생협은 사무장병원이라는 인식이 퍼져 있는데 이는 의료 협동조합의 발전에 부정적으로 작용한다. 다른 나라에서는 의사들이 주체가 된 공급자 협동조합의 발전 사례들도 있지만 우리나라에서는 협동조합에 대한 부정적 인식 때문에 공급자 중심의 의료 협동조합이 발전할 수 있을지 속단하기 어려운 게 사실이다. 협동조합기본법 이후 의사, 한의사, 약사 등 전문가 협동조합이 생겨나고 있지만 지속 가능성, 발전 가능성은 좀 더 두고 봐야 할 것으로 보인다.

그 동안 의료복지사회적협동조합연합회는 일관되게 정부의 관리 감독을 주장해 왔으며, 정부 당국은 유사 의료 협동조합의 의료 왜곡에 대해 최근 단속을 강화하면서 일부 사무장의료생협들이 정비되고 있다. 주민 참여형 의료생협들은 최근 협동조합기본법에 의해 취약 계층에 대한 지원을 주사업으로 하는 사회적 협동조합으로 전환하고 있다. 현재 의료 협동조합에 대한 보건 당국의 정책적 배려를 기대하기는 어려울 것으로 보인다.

다만 일부 지자체에서 의료 협동조합과 협력하려는 모습을 보이고 있어 고무적이다. 서울에서 시범 사업을 진행 중인 참여형 보건

---

47. 인가권이 자자체로 이양되면서 충분한 관리 감독이 이루어지지 않는다.

지소에 의료 협동조합 관계자들이 참여하기도 하였고, 시립 노인 요양원을 사회적 협동조합에 위탁하여 경영을 맡긴 사례도 있다. 다양한 사회적 협동조합들이 정책 파트너가 되어 공공과 민간의 협력 모델을 만드는 게 가능할 것으로 보인다.

의료 협동조합을 둘러싼 환경이 그리 수월하지 않은 것은 사실이다. 의료사협의 경우 조합원을 통해 자본을 조달하고 의료 기관을 개설, 운영해야 하는데 운영 성과가 조합원들의 기대에 부응할 수 있을지도 불확실하다. 다른 방식의 의료 협동조합은 이제 걸음마 단계여서 그 성과를 평가하기 이르다.

불투명한 전망 속에서 의료 협동조합의 발전을 모색하려면 의료 협동조합의 의미와 역할 그리고 우리나라 보건 의료에서 협동조합의 전망이 확실하게 서야 할 것이다.

의료 협동조합은 의료를 조직하고 운영하는 방식 중 한 가지이다. 협동조합 방식은 다른 분야에서 이미 다양하게 검증받은 바 있고 다른 나라의 경우 의료 협동조합들이 그 나라 의료 시스템의 중요한 역할자로서 자리 잡은 곳도 있다. 과연 우리나라의 의료 현실과 사회적 토양 속에서 의료 협동조합이 얼마나 확산될 수 있을지 그리고 얼마나 긍정적으로 기여할지는 미지수이다.

그러나 우리나라 의료 시스템의 제반 문제들에 대한 정책적 해결 방안이 한계에 봉착해 있는 지금 협동조합은 기대할 수 있는 대안 중 하나이다. 우리나라에서 의료 협동조합 발전의 가장 중요한 전제 조건은 의료 공급자, 소비자, 관련 이해 당사자 등 의료와 관련된 모든 사람들이 의료에서 협동조합의 역할과 그 가능성을 인식하고 그 활동에 적극적으로 참여해야 한다는 것이다.

　의료 협동조합은 의료에서 혁신적인 대안을 제시할 수 있는 가능성을 안고 있다. 부분적인 혁신일지라도 전체 의료 시스템에 긍정적인 변화를 가져올 수 있기에 의료 협동조합에 대한 기대를 놓을 필요는 없을 것으로 보인다. 오히려 의료 협동조합이 갖고 있는 가능성들을 최대한 활용할 필요가 있을 것이다.

2장 협동조합과 의료 혁신

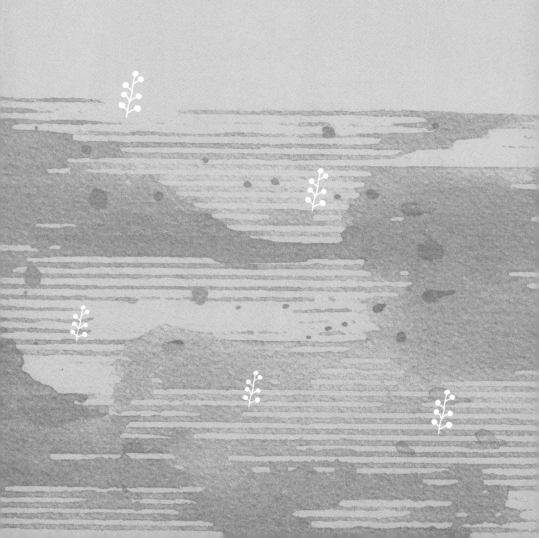

지금 시대에 협동조합은 우리나라의 다양한 의료 문제뿐 아니라 전 지구적 의료 문제에 해법을 제시해 줄 수 있는 대안 중 하나임에 틀림없다. 공공 의료의 붕괴, 민간 의료의 과도한 확대와 상업화, 의료 민영화, 의료 양극화, 의료 분야의 민주적 재편, 당사자 운동의 고양, 취약 계층 문제에 이르기까지 다양한 주제에 대해 협동조합은 그 해결책을 제시할 수 있다. 물론 협동조합이 모든 문제를 해결할 수 있는 건 아니지만 협동조합의 장점을 잘 활용하면 의료 혁신의 실마리 일부를 발견할 수 있을 것이다.

글로벌 헬스 측면에서도 협동조합의 역할에 대해 진지하게 검토해 볼 필요가 있을 것이다. 선진국에서는 과도한 의료비 상승으로 공적 영역이 축소되면서 이를 대체할 수 있는 민간 영역의 제3섹터가 강조되고 있는데 협동조합도 그 중 하나이다. 가난한 나라에서 공적 기능의 부재로 인한 의료 미충족 문제를 해결할 수 있는 강력한 수단으로 협동조합을 거론하기도 한다.

우리는 세계 의료 협동조합 운동에서 이를 지지하는 많은 사례들을 발견할 수 있다. 밀레니엄 개발목표MDG[1]의 뒤를 잇는 지속가능 개발목표SDG[2] 실현의 중요 수단으로 협동조합이 종종 거론되고 있는 것도 시사하는 바가 크다.

협동조합의 공적 분야 참여

1997년 유엔 보고서는 협동조합 기업들이 의료 서비스와 사회적 케어 서비스를 제공하는 공공 분야와 민간 영리 분야 모두에 장점이 있다고 결론을 내리고 있다. 협동조합들은 기업으로 살아남으려면 재정적으로 생존 가능해야 하며 동시에 비영리 성격을 가져야 한다. 협동조합의 민주적 성격과 조합원에 대한 책임성은 협동조합이 원래 목표에서 이탈하거나 새로운 환경에 적응하지 못할 위험성 등을 감소시켜 준다. 종종 공공 기관이나 영리 기관들이 시민들의 참여에 개방적이지 않은 반면 협동조합은 시민들의 참여를 통해 이러한 자원을 효율적으로 활용할 수 있는 가능성을 보여준다. 협동조합 안에서는 의료와 사회적 케어 분야에

---

1. Millennium Development Goals. 2000년 유엔에서 채택된 의제로 2015년까지 세계의 빈곤을 반으로 줄인다는 내용을 담고 있다. 8대 목표를 설정하고 있는데 이는 절대 빈곤 및 기아 퇴치, 보편적 초등교육 실현, 양성 평등 및 여성 능력의 고양, 유아 사망률 감소, 모자 보건 증진, 에이즈 등 질병 퇴치, 지속 가능한 환경의 확보, 개발을 위한 글로벌 파트너십 구축 등이다. 구체적으로 21개 세부 목표를 정하고 있다.
2. Sustainable Development Goals. 밀레니엄 개발목표 기한이 종료되는 2015년 9월, 유엔 총회에서 다음해인 2016년부터 2030년까지 이어서 이행하려는 유엔 의제로 지속가능 개발목표를 채택하였다. 지속가능 개발목표는 17개 대목표, 169개 세부 목표, 230개 지표로 구성되었다.

서의 소비자와 공급자의 의미 있는 대화가 가능하다.[3]

국제의료협동조합연맹 전 회장인 호세 카를로스 기사도Jose Carlos Guisado[4]는 의료 협동조합이 직면한 가장 큰 문제 중 하나는 어떻게 국가 공공 의료 시스템과 공동으로 연구 또는 사업을 실행할 것인가라고 지적한 바 있다.

"현재의 경제 상황에서 공공의료 비용은 정부에게 큰 재정 부담이 된다. 몇몇의 경우 그 시스템의 지속성조차 보장되지 않는다. 즉 이런 상황에서는 의료 협동조합이 공공의료에 대한 보완책 또는 해결책이 될 수 있는 기회라고 생각한다. 그러나 이를 위해서는 시민들이 협동조합에 참여하고, 협동조합 비즈니스 모델이 활성화될 수 있도록 하는 법률 제정이 뒷받침되어야 한다."

공공의료 부문에서의 협동조합의 역할에 대한 몇 가지 사례가 있다. 미국에서는 오바마 케어라고 불리는 '환자 보호 및 부담적정 보험법' 통과 이후 대규모 융자금이 '소비자 지향의 소비자가 운영하는 운영계획CO-OP[5]'에 따라 설립하는 비영리 보험업계의 설립 및 지급 여력 자본 제공에 할당되었다. 현재까지 23개의 새로운 의

---

3. IHCO, Health co-ops around the world, "Global background and trends from a health and social care perspective", 2007.
4. 스페인 의료 협동조합 네트워크인 에스프리우재단 CEO 출신이다. 스페인 남서부 세비야에서 태어난 기사도는 중환자의학을 전공하고 세비야와 마드리드에 있는 병원에서 근무하였다. 에스프리우재단에서 일하다가 국제의료협동조합연맹 창설에도 기여. 1998년 유럽 지역 책임자로 참여하다가 2001년 국제 조직의 회장에 선출되어 사망 때까지 회장 직을 유지하였다. 캐나다에서 개최된 협동조합 국제서밋 참여 도중 심장마비가 발생하여 병원에 입원하였으나 2016년 10월 14일 결국 사망하였다. 그는 34년 이상 협동조합 운동에 헌신하였다.
5. Consumer operated and oriented plans

료보험 협동조합이 이 법에 근
거하여 소비자 소유 기업으로
설립되었다. 일본의 의료 협동
조합은 일본 정부와 의료 서비
스의 품질 향상 및 예방 서비
스 발전을 위한 공동 연구 사
업을 수행하고 있다. 스페인에
서는 에스프리우재단 네트워
크의 회원인 의사 협동조합들
이 몇 개의 공공 병원을 직접
운영하기도 한다.[6] 우리나라의
경우 도우누리사회적협동조합

국제의료협동조합연맹 전 회장인 호세 카를로스
기사도. 스페인 의료 협동조합 네트워크인 에스프
리우재단 CEO 출신이다. ©ihco.coop

이 시립 노인요양원을 위탁 받아 운영하는 것도 협동조합의 공적
분야 참여의 좋은 사례이다.

선진국의 경우 노인 인구 증가와 과도한 의료비 지출 부담으로
인해 공적 영역의 부담이 증가하면서 일부 기능의 민간 위탁 또는
이양 문제가 대두되고 있다. 한편으로는 국가 기능의 경직성과 시
민 참여의 부재로 인한 관료화에 대한 비판이 증가하면서 이를 극
복하기 위해 비영리 민간 부분의 공적 영역 참여에 대해 찬성하는
의견들이 증가하고 있다. 가난한 나라에서는 공적 영역의 부재로
이를 대신할 수 있는 협동조합과 같은 비영리 민간 섹터의 역할을

6. 기획재정부, 「글로벌 300 보고서–세계의 협동조합」, 2012.

주목하고 있다.

코스타리카나 우루과이 같은 나라에서는 공공에서 의료 서비스를 제공하는 방식의 하나로 협동조합 모델을 명확히 인식하고 있다. 이탈리아, 스페인과 포르투갈에서는 협동조합 모델의 기여를 국가 헌법에서도 인정하고 보장한다. 영국에서는 직원 협동조합의 모델에 기반하여 당직 일반의들이 응급 의료, 일차 의료, 마이너 수술, 치과와 같은 의료 서비스 제공에 공식적으로 참여한다.

의료의 공공성과 협동조합

협동조합이 공적 분야 사업에 참여하는 것과는 별개로 협동조합의 확대 자체가 의료 공공성 유지에 중요한 역할을 담당한다. 우리나라 의료 서비스 공급 시스템의 문제는 공공 의료의 몰락 그리고 양극화이다. 공공 의료는 사실상 붕괴 상태이고 극대화된 민간 의료는 치열한 경쟁 속에서 살아남기 위해 이윤 추구에 매달릴 수밖에 없는 상황으로 내몰리고 있다. 이런 현실에서도 정부는 '의료 시장에서의 대자본 이윤 추구'라는 의료 민영화에 매달리고 있다. 영리 병원의 도입까지 강력하게 추진하는 마당에 공공 의료 붕괴는 더욱 가속화될 전망이다.

현재 5~10% 수준의 공공 의료는 일단 양적으로 너무 부족한 수준이지만 이를 짧은 시간 안에 끌어올리기는 사실상 쉽지 않다. 노무현 정부 시절 30%라는 목표를 제시하기도 했지만 실질적인 조치가 취해졌다고 보기는 어렵다. 당분간 이 수치는 더 떨어질 가능성이 높다. 그렇다고 민간 영역에서 서비스를 제공하는 민간 의료 기관들이 공공적 또는 공익적 성격이 강하지도 않다. 공익적 목적을 갖는 병원들조차 수익성 추구로 내달리고 있는 게 지금의 현실이다. 공공 의료의 확대와 동시에 민간 의료 기관들의 공공성 회복은 우리나라 의료 공급 체계의 정상화를 위해 시급하게 해결해야 할 가장 중요한 과제의 하나이다.

의료 서비스 분야에서 국가의 영향력이 감소하고 있다. 민간 영역의 비중이 확대되고 있는데 비영리적 성격의 협동조합이 이 분야에서 자리를 잡아 강력한 영향력을 행사할 수 있다면 의료의 상업화를 어느 정도 제어하는 기능을 할 수도 있을 것이다. 우리나라의 경우는 의료 공급 분야에서 이미 민간 부분이 90% 이상을 차지하고 있고 상업적 성격이 점차 강화되고 있다. 이런 조건에서 의료 협동조합은 민간 분야의 영리성을 완화시키는 데 긍정적 역할을 담당할 수 있을 것이다.

의료 협동조합은 민간 영역에서 공익성을 담보할 수 있는 아주 강력한 방식의 하나이다. 실제 운영되고 있는 의료 협동조합 의료 기관들은 적정 진료, 주민들의 자발적 참여와 민주적 운영 등 모범적으로 활동하고 있다. 의료 협동조합의 확대는 공공 의료를 보완하고 민간 분야 의료 기관의 공익성 회복에 기여할 것이다. 의료 협동조합은 공공 의료의 동맹군이라고 불러도 좋을 것이다. 공공 의료에 대한 보완적 기능으로서의 협동조합의 역할은 공공 의료가 몰락한 우리 현실에서 강력한 대안의 하나이다. 의료 협동조합 운동은 의료 공공성을 지탱해 주는 강력한 지지대 역할을 담당해 줄 것이다. 의료 협동조합의 설립과 발전을 위한 정책적 지원이 요구되는 이유이다.

의료 양극화 해소 대안

우리나라에서 의료 서비스 공급 분야의 양극화는 두 가지 부분에서 진행되고 있다. 앞에서 언급했던 공공 의료의 몰락과 민간 의료의 비대화가 그 하나이고, 대형병원으로의 집중과 일차 의료와 중소병원의 몰락이 두 번째이다.

재벌 병원들을 중심으로 한 대형병원들이 비대화하고 지역사회 중소병원과 일차 의료 기관들은 점차 몰락해 가는 양극화가 정점으로 치달리고 있다. 정부는 이러한 왜곡 구조를 방치한 채 의료 민영화의 기치 아래 의료를 통해 국가의 부를 증대시키겠다는 환상에 빠져 있다. 정부의 의료 민영화 정책은 공공 의료 몰락과 대병병원 집중화로 대변되는 우리 의료 현실을 위한 대안이 결코 아니다. 2000년대 들어와서 다양한 정책으로 얼굴을 내밀고 있는 의료 민영화 관련 정책들은 결국 대자본들의 이해와 맞아 떨어지고 있다.

규모가 점차 커져가는 의료 시장에서 대자본들이 자유롭게 기업 활동을 영위하고 여기서 이윤을 얻을 수 있도록 하는 데 목적이 있다. 지금도 상당히 왜곡되어 있는 의료 환경에서 정부를 앞세운 대

자본의 의료 시장 진출은 의료 왜곡의 심화를 야기할 것이 너무나 명확하다. 의료의 존재 이유가 국민의 건강과 생명을 지키는 게 아니고, 수익을 올리는 수단으로 전락하면 그 피해는 모두 국민들에게 돌아가게 된다. 대자본의 의료 시장 독점으로 공공 의료는 더 축소될 가능성이 높고, 중소병원들과 일차 의료 기관들의 어려움은 더 증대될 것이다.

의료 양극화 해소의 최종 책임은 정부에게 있다. 그렇다고 정부에게 모든 걸 맡겨 놓고 가만히 있을 상황도 아닌 듯하다. 정부가 의료 공급 양극화 해소에 대한 의지 자체가 별로 없어 보이기 때문에 더욱 그렇다.

여기서 협동조합의 역할을 모색해 볼 여지가 있을 것이다. 협동조합은 대형병원보다는 중소병원 그리고 개원 의사들에게 더 적합한 조직이다. 이를 어떻게 활용하느냐에 따라 새로운 활력을 제공해 줄 수도 있을 것이다. 어려움에 처해 있는 의료 기관들이 협동조합 방식으로 네트워크를 구성하여 경영에 도움을 받는 것도 가능할 것이다. 의료 기관들이 조합원으로 참여하는 협동조합을 만들 수도 있는데 이 협동조합은 조합원인 의료 기관들의 경영 지원, 정보 교류, 공동 구매, 교육 훈련 등 분야에서 협력할 수 있을 것이다. 협동조합은 의료 전문가들이 자기 직업에 대한 자긍심을 갖고 일할 수 있는 토대도 제공해 줄 수 있을 것이다.

세계에서 제일 규모가 큰 의료 협동조합인 브라질의 유니메드협동조합도 공공 병원은 제 역할을 못하고 민간 병원들은 상업화로 치닫는 당시 브라질 의료 현실 속에서 의사들의 해결책 모색 과정에서 탄생한다.

의료 공급의 양극화뿐만 아니라 의료 이용에서의 양극화도 문제이다. 부자들은 최고의 병원에서 수백만 원짜리 종합 검진을 받고 질병이 나면 최고의 의료진을 통해 최첨단 치료를 받을 수 있다. 그러나 대부분의 사람들은 그럴 여건이 되지 못한다. 의료를 이용하는 환자와 주민들 입장에서 협동조합은 저렴한 비용에 좋은 서비스를 제공해 주는 곳이다. 단순하게 치료 서비스만 제공하는 것이 아니라 건강 증진과 예방 측면도 강조하므로, 최고 병원 못지않은 효과를 누릴 수 있다.

의료 전문가 협동조합의 의미

아직 우리나라에서는 활성화되어 있지 않지만 유럽이나 남미의 경우 의료 전문가들이 설립한 공급자 협동조합이 발달해 있다. 한 예로 치과 의사들이 모인 레드덴티스 RedDentis[7]라는 협동조합이 있다.

이는 우루과이 수도 몬테비데오에 기반을 두고 있는 치과의사 협동조합으로 268명의 치과 의사 조합원이 참여하고 있으며 대부분 자신의 치과 클리닉에서 일하고 있다. 이 협동조합은 양질의 고용과 더 나은 치과 진료를 제공하기 위해 혁신적인 경영 모델을 개발했다. 레드덴티스는 매일 5천 명의 환자를 돌볼 수 있어서 거의

7. Cooperativa Odontológica de Montevideo de la Asociación Odontológica Uruguaya

기다리지 않고 진료를 받을 수 있다.

이런 공급자 의료 협동조합은 소비자 협동조합인 의료생협에 익숙한 우리에게는 낯선 방식이지만 실제로 많은 의료 협동조합들이 여기에 해당된다. 세계적 의료 협동조합인 브라질의 유니메드나 스페인의 에스프리우재단도 공급자 협동조합이다. 유독 일본과 한국의 경우 소비자 협동조합인 의료생협이 발달해 있어 의료 협동조합이라 하면 자연스럽게 의료생협을 연상하게 된다. 오히려 이게 동아시아의 특수한 사례라고 보는 게 맞을 듯하다.

우리나라에서도 협동조합기본법 이후에 비뇨기과의사회협동조합[8]이 설립되어 활동하고 있는데 여기에 해당될 것이다. 약국들은 대부분 영세한 경우가 많다. 약국들도 협동조합 네트워크를 구성하여 약국 운영에 도움을 받을 수 있는데 최근에 약사 협동조합이 여러 곳 설립되었다.

우리나라에서는 의료 공급이 대형병원 중심으로 이루어지고 있어 중소병원이나 일차 의료 기관들은 경영상 어려움에 직면해 있다. 이러한 현실은 의료 공급 구조의 왜곡에서 비롯되고 있는데 이러한 왜곡이 개선되지 않으면 의료 자체의 왜곡으로 확대되고 결국 국민들의 건강에 부정적 영향을 미치게 될 것이다. 협동조합 방식은 일차 의료 기관이나 중소병원에 더 적합하다. 우리나라 의료 공급 체계 개선을 위해 정부의 노력이 절대적으로 필요하지만 대안의 하나로 협동조합 방식도 고민해 볼 여지가 있다.

---

8. urocoop.com, 2015년 1억 5000여만 원의 수익을 올렸고 이중 2천만 원을 조합원 배당금으로 지급하였다고 한다.

최근에는 대한의사협회의 의료정책연구소가 동네 일차 의료 기관의 어려움을 타개하기 위해 '동네의사협동조합'을 제안하면서 조합이 추진할 수 있는 사업 영역으로 의료 정보화 사업, 의료 기기 제조와 유통, 의약품 유통, 건강 관리 서비스 관련 사업, 의료 기관 소모품 온라인 쇼핑몰을 운영하는 전자 상거래 사업 등이 유망하다고 제시하기도 하였다.[9]

의료 민영화와 협동조합

의료 민영화의 핵심 키워드는 규제 개혁이다. 의료는 생명을 다루는 최전선의 분야로 무엇보다 안정을 담보하기 위한 검증과 규제가 절대적으로 필요하다. 웰빙과 건강에 대한 관심이 늘어나고 수명이 연장되면서 의료에 대한 요구는 폭발적으로 증가하고 있으며 이러한 경향은 당분간 지속될 것으로 보인다.

시장의 개념으로 보면 의료 시장은 폭발적으로 확대되는 블루오션이다. 이 속에서 적절한 비즈니스 모델을 동원하면 많은 수익을 올릴 수 있을 것으로 판단한 대자본은 의료 시장 진입을 위해 다양한 시도를 하고 있다. 정부가 의료 분야에서 서비스 발전이라는 이름으로 규제를 철폐하고자 하는 것은 대자본이 이 분야에 진출하여 많은 수익을 올릴 수 있도록 해 주겠다는 의지의 표현이다. 영리병

9. 김동희, 의협 의료정책연, 「위기의 일차의료, '동네의사협동조합'으로 반전 모색」, 『의사신문』, 2016.8.22.

원, 원격 의료, 임상 시험 단계 단축, 유전자 검사의 상업화 등이 이런 사례들이다.

우리나라 의료 시스템의 문제들을 해결할 수 있는 방안 중 하나로 협동조합 운동에 관해 설명했는데 이는 의료 민영화 정책이 초래할 수 있는 부정적 영향에 대한 대안으로 제시하는 것들이다. 그러나 의료 민영화 정책을 어떡하든지 추진하려는 사람들은 의료 협동조합과 영리병원을 엮어서 설명하고 싶어 한다.

정부가 추진해 온 영리병원 도입에 대한 반대가 거세게 일자 오랫동안 지역 사회 속에서 주민들과 같이 성장해 온 의료 협동조합이 사실한 영리병원이라고 주장하는 사람들이 생겨난다. 의료 협동조합으로 위장한 사이비 사무장병원이나 여기에 해당될지 모르겠다. 이 경우는 모두 불법적인 것으로 퇴출 대상이다. 이런 사례를 들면서 의료 민영화의 일환으로 진행되고 있는 영리병원 논란을 희석시키고 있다.[10] 마찬가지로 영리법인이 운영하는 법인 약국을 추진하다가 반대에 부딪힌 정부는 약사 협동조합을 거론하면서 이를 법인 약국 추진의 명분으로 삼으려는 의도를 숨기지 않고 있다.[11] 협동조합은 영리병원이나 영리법인 약국과는 법적으로나 설립 취지로 보나 근본적인 차이가 있다.

의료 민영화 정책에서 추진하는 영리병원이나 법인 약국은 쉽게 얘기하면 주식회사가 이들을 운영할 수 있도록 하자는 것이다. 주

10. 어윤호, 「의료생활협동조합 영리법인(?) 논란」, 『메디컬투데이』, 2010.1.6.
11. 유창식, 「약사협동조합을 법인약국 정책에 이용하지 말라」, 『데일리팜』, 2014.6.9.

식회사와 협동조합은 둘 다 법인 형태의 경제 조직이라는 점에서 공통점이 있지만 전자는 투자한 돈 만큼 지분을 갖고 영향력을 행사할 수 있는 구조로 결국 돈을 많이 가진 사람이 유리하게 되어 있다. 당연히 대기업이나 대주주 쏠림이 발생하게 된다.

대기업 자본이 영리병원이나 법인 약국 방식으로 의료에 개입하면서 독점이 발생하고 의료 분야가 수익을 올리기 위한 시장으로 변질될 가능성이 높아진다. 이에 반해 협동조합은 1인 1표에 근거한 민주적 운영 원칙에 입각해 있다. 공공 의료를 보완하면서 민간 영역에서 서비스를 제공하는 자발적이고 민주적인 조직으로 오히려 경제 민주화를 추동할 수 있는 비즈니스 모델이다.

협동조합은 원래 영국에서 노동자들이 자신들의 경제적 이득을 모색하기 위해 만든 노동자들의 경제 조직이다. 이 둘은 근본적으로 태생이 다르다. 이를 동격에 놓고 해석하려는 것은 의료 민영화 추진 세력의 억지일 뿐이다. 협동조합의 확대 발전은 지금의 의료 민영화와 충돌할 수밖에 없다.

일차 의료에서 협동조합의 역할

많은 나라 의료 시스템에서 소비자들은 서비스의 파편화와 다른 서비스 공급자들 간의 통합성 부족을 목격하게 된다. 우리나라도 국민들의 대학병원 선호도가 너무나 뚜렷하여 사소한 질병에도 동네 병원을 믿지 못하고 대학병원으로 향하는 경우가 많다. 심각한 의료 왜곡이 발생하고 있다. 일차 의료가 자리를 잡고 여기서 좀 더 큰 병원으로 이송해야 할 환자를 걸러내는 게이트키퍼gatekeeper로서의 역할은 미미하다. 협동조합 의료 기관, 아니면 기존 일차 의료 기관들의 '협동조합적인' 연계 또는 연대를 통해 새로운 일차 의료의 모델을 만들어 갈 수 있지 않을까 생각된다.

이탈리아의 예를 참고해 볼 필요가 있을 것이다. 이탈리아에서는 1991년 사회적 협동조합이 법제화된 이후 협동조합과 공공시스템의 협력이 본격적으로 시작된다. 최근에는 일차 의료의 여러 분야에서 공공과 다양한 방식으로 협력하고 있다. 공공과 협동조합의 협력 관계는 수년 전부터 계속되어 왔으나 주로 공공 기관이 이를 감독하는 상황이었다.[12]

이탈리아의 라찌오 지역에 있는 '일차 의료를 위한 컨소시엄 CAP'[13], 사회적 협동조합인 '피플퍼스트People First'는 다양한 요구 수준에 대응할 수 있는 시스템을 실행하고 있다. 이들은 자원을 절약하면서 다른 의료 공급자들의 행위를 통합하는 의료의 연속성을 유지하려고 한다. 컨소시엄은 지역의 일차 의료 현장에서 개발된 최선의 협동조합 실천에 기반하고 있다.

컨소시엄에는 사회적 협동조합 하나, 800개 이상의 약국과 연계된 두 개의 협동조합, 일반 의사들의 협동조합들, 협동조합 진단 검사실 하나가 포함되어 있다. 또한 컨소시엄은 라찌오 지역의 주요한 사회적 케어 협동조합 컨소시엄의 지원을 받는다. 이 모델이 국

---

12. IHCO, "Co-operatives are the public sector's greatest allies in the field of health", 2016.5.26.(ihco.coop)
13. Consortium for Primary Care

가 차원에서 적용될 수 있다는 데 긍정적 의미가 있다.[14]

의료 시스템의 민주적 재편

　　　　　　　　협동조합은 자발적이고 민주적으로 운영되
는 조직이다. 협동조합 운동은 당사자 운동의 성격도 갖고 있다. 의
료보험이 없던 시절 설립된 청십자의료협동조합이나 난곡희망의료
협동조합은 주민들이 모여서 의료보험 협동조합을 구성한 경우이
다. 국가 의료보험 제도가 도입된 이후에는 믿고 찾을 수 있는 우리
병원을 만들자는 운동이 의료 생활 협동조합 설립으로 나타난다.
주민들이 수동적 입장에서 의료를 단순히 이용만 하는 것이 아니라
자신의 요구에 맞는 협동조합을 만들어서 이용하는 것이다.

　협동조합 방식으로 자신들의 의료 기관을 개설할 뿐만 아니라
의료 기관의 운영에 대한 결정권도 행사할 수 있다. 의료 협동조합
이사회에서부터 경영위원회, 이용위원회 등 여러 운영 조직 그리고
협동조합 안의 다양한 소모임 활동을 통해 자신의 건강 문제에 주
도적으로 대응해 나갈 수 있게 된다. 이용자들이 자신의 요구에 맞
는 의료 방식을 선택할 수 있고 그 과정에서 전문가인 의료진과의
끝없는 상호 작용을 거치면서 의료 과정 자체가 전문가의 일방적인
과정이 아닌 민주적 재편 과정을 거치게 된다.

---

14. '지라드 보고서', LPS Productions, 2014.

일본 의료생협의 경우 반모임 같은 소규모 모임을 통해 혈압 측정, 혈당 측정과 같은 건강 활동들을 자신들이 직접 수행한다. 모임에서 서로의 건강 상태를 모니터하는 과정을 통해 건강이 단지 전문가나 의료 시설에 종속되는 것이 아님을 확인하고 있다.

지역 사회 기여

협동조합은 지역 사회에 뿌리를 두고 있다. 지역 사회의 조직들이나 지방 정부와의 파트너십을 통해서 자원 봉사와 지역 사회 지원을 이끌어 낼 수 있다. 협동조합에서는 시민들이 직접 참여하며 협동조합 사업체를 통해 스스로에게 서비스를 제공할 수 있다. 시민의 참여가 없는 공공 기관에 의존하거나, 돈을 지불해야 하는 영리 기관에 의존할 필요가 없어진다.

국제의료협동조합연맹 회장인 기사도는 "협동조합만의 독특한 관점에서 개발된 의료 모델은 항상 지역 사회의 경제를 활성화시킨다는 원칙과 가치를 지향한다. 때문에 의료 협동조합이 선진국과 개발도상국 모두에서 경제와 사회 복지를 증진시키는 유용한 도구로 작동될 수 있다."고 언급한 적이 있다.[15]

우리나라 의료 협동조합의 경우 수백, 수천의 지역 주민들이 조합원으로 참여하고 있다. 의료 협동조합은 상당한 규모의 지역 조직으로 발전해 나가고 있는데 주민들 간 소통의 창구이면서 지역

15. 기획재정부, 『글로벌 300 보고서-세계의 협동조합』, 2012.

문제도 같이 얘기할 수 있는 사랑방 역할도 담당하고 있다.

취약 계층의
버팀목

　　　　　　　　사회적 협동조합은 1991년에 이탈리아에서
최초로 법제화된 후 그 숫자가 폭발적으로 성장하여 현재 이탈리아
전역에 11,800여 개에 이른다. 이탈리아의 뒤를 이어 유럽에서는
벨기에, 폴란드 등이 사회적 협동조합을 법제화하였다. 스웨덴에서
는 법제화되진 않았지만 사회적 협동조합이 활발히 운영되고 있다.
또한 프랑스의 공익 협동조합, 캐나다의 사회연대 협동조합은 사회
적 협동조합의 성격을 띠는 다른 이름의 협동조합들이다.[16]

　우리나라에서도 2012년 협동조합기본법에 사회적 협동조합에
대한 규정이 포함되었다. 이 사회적 협동조합의 활동 영역은 국가
가 감당하지 못하는 사회 복지 수요에 대한 대체재 역할이다.

　급격한 고령화로 노인들에 대한 의료와 사회적 돌봄 요구가 증
가하고 있으나 국가가 직접 이를 담당하기에는 역부족이다. 기본
인프라조차 몰락해 가는 상황에서 추가적인 서비스를 직접 수행하
는 것보다는 의료 협동조합 또는 사회적 케어 협동조합에 위탁하는
방식도 좋은 대안이 될 것이다.

　장애인, 여성, 이주민 등 취약 계층의 생활을 지원하고 스스로 독

---

16. 사회적경제센터, 「사회적 협동조합의 잠재력을 촉발하라」, 『사회적경제리포트』 제60호, 2012.

립하기 위한 토대로서 협동조합의 역할은 중요하다. 협동조합은 장애인에 대한 지원과 일자리 창출을 위해 다양한 활동들을 해 오고 있다. 협동조합이 그만큼 복지 분야 사업에서 장점을 갖고 있기 때문이기도 하다.

크레타 섬 서부에 위치한 카니아Chania KoiSPE는 정신 장애를 갖고 있는 사람들을 포함하는 협동조합으로 새로운 방식을 시도하고 있는데 이 협동조합은 치료와 기업이라는 목적을 가지고 있다. 정신 질환으로 고통 받고 있는 사람들의 삶의 질을 증진하고 그들의 고용 기회를 개선하기 위한 목표를 가지고 있다. 협동조합의 제품과 서비스는 질, 생태적 책임, 경쟁력 있는 가격 등이 특징이다. 129명의 조합원이 있으며 이 중 59명은 정신 질환을 가지고 있으며 46명은 정신 보건 전문가들이고 23명은 개인 또는 카니아 행정 조직, 키사모스Kissamos, 수다Souda 등의 지방 자치 단체, 성조지Saint George's 종합병원, 크레타협동조합, 은행 등의 후원 조직들이다.

엘살바도르의 ACOGIPRI[17]는 도자기 사업장에서 고용과 훈련 기회를 제공하고 있다. 노동자의 4분의 3이 청각 장애인인 이 사업장에서 나오는 제품들은 질이 좋다고 평판이 나 있으며 공정 무역 네트워크를 통해 유럽에서도 팔리고 있다. 협동조합은 1천 명 이상의 장애인을 훈련시켜 왔고 직업 소개 서비스를 통해서 많은 장애인이 정식 직장을 구할 수 있었다.

CERCIs[18]는 포르투갈에서 장애 어린이와 가족들을 위해 재활 서

17. Asociación Cooperativa del Grupo Independiente Pro Rehabilitación Integral de R.L.
18. Centro Especial de Reabilitação de Crianças Inadaptadas

비스를 제공하는 협동조합들이다. 209개의 CERCI 협동조합들 중에서 150개는 정부에 의해 민간사회연대기관Private Social Solidarity Institutions으로 인증을 받았다. 인증(정부로부터 요청받아서 정부에 의해 자격이 부여됨)을 받으면 보고와 규제를 잘 따르는 조건으로 세금 혜택과 재정 지원이 이루어진다.

우리나라에서도 협동조합기본법 이후에 질환이나 장애를 가진 환자들이 자신들의 일자리와 성취를 위해 협동조합을 만들고 있다. 발달 장애인들과 가족, 자원 봉사자들이 모여서 만든 협동조합이 대표적이다.

우리나라에서 인권 사각 지대로 남아 있는 곳이 정신병원이다. 수많은 정신 장애인들이 합법적인 강제 입원에 의해 수용되어 있다. 이들이 지역 사회로 복귀하도록 하기 위해서는 지역 사회 정신 보건 센터가 확대 강화되어야 하며 동시에 이들의 고용, 교육, 재활 등을 위한 프로그램과 조직이 필요하다. 여기서 협동조합은 훌륭한 대안이다. 실제 선진국에서는 정신병원으로부터의 탈시설화 과정 속에서 사회적 협동조합들이 정신 장애인들의 사회 복귀와 적응에 중요한 역할을 맡고 있다.

협동조합 영화로 우리에게 소개된 이탈리아 영화 「위캔두댓」은 정신 장애인들과 자원 봉사자들이 만든 자신들의 협동조합을 통해 스스로 일자리를 만들고 성취감, 자신감을 회복해 가는 과정을 그리고 있다. 이 영화의 모델이 되었던 협동조합이 논첼로협동조합이다. 이 협동조합은 1천여 명의 직원을 고용하고 있는데 20년 전 포

르데노네 주의 정신 건강 센
터에 의해 설립되었다. 논첼
로는 장기 실업자, 정신 질환
자, 약물 중독 경력자들에게
가전제품의 수거를 맡기고 그
에 합당한 임금을 지급한다.
또한 노인과 어린이, 치매 환
자들에게까지 전문 기술을 가
르친다.

정신 장애인들의 활동을 그린 협동조합 영화 「위캔
두댓」의 포스터

　외국의 경우 원주민들을
위해 협동조합과 공제조합들
이 활동하고 있다. 파라과이
의 Ayuda Mutual Hospitalaria는 차코Chaco 지역의 원주민에게
공제 의료보험과 포괄적 의료를 제공하고 있다. 2006년 법률에
의해 설립된 이 분권적인 조직은 26개의 기금으로 운영하고 있는
데 2009년 2만 5천 명이 참여하고 있다고 한다.[19] 캐나다의 새스커
툰 의료 협동조합은 원주민들에 대한 의료 지원 사업도 시행하고
있다.

　이주민, 난민들을 위한 협동조합들도 활동하고 있다. 이주민들의
정착과 생활 지원을 위해 이주민들이 직접 협동조합을 만들어 운영
하는 사례도 있다. 그리고 최근 난민들의 위기 상황에 대응하여 난

---

19. '지라드 보고서', LPS Productions, 2014.

민들을 지원하는 협동조합도 생겨나고 있는데 시리아 난민을 포함한 많은 난민들이 아시아 지역과 가까운 그리스로 몰려들자 사회적 협동조합인 Wind of Renewal은 다른 단체들과 공동으로 난민 지원 사업을 펼치고 있다.

사회적 케어 협동조합의 역할

전 세계적으로 사회적 케어 협동조합의 수는 14,811개 정도로 추산하고 있다. 그 중에서도 이탈리아에서 가장 활발한데, 사회적 케어에서 활동하는 사회적 협동조합이 1만 개가 넘는다.[20]

다양한 이해 관계자들의 사회적 관심이 결합하기 때문에 다중 이해 관계자 멤버십을 채택하는 경우가 많은 이 비즈니스 모델은 스페인, 포르투갈, 그리스, 캐나다 등 많은 나라들에서 발견되며 좋은 성과들을 보이고 있다. 이들은 종종 노인에 대한 홈 케어에 전문화되어 있고 괄목할 만한 성과를 올리기도 한다. 어떤 협동조합들은 조합원이나 지역 사회 요구에 적절히 대응하면서, 정신 보건에 지대한 관심을 갖고 의료와 사회적 케어 서비스를 제공하기도 한다. 서비스 범위에 따라 의사부터 사회 복지사, 영양사, 심리학자, 간호사에 이르는 다양한 직원들이 참여하기도 한다.

---

20. '지라드 보고서', LPS Productions, 2014.

이것은 캐나다의 새스커툰, 리지나, 프린스 앨버트, 위니펙 등에 있는 가장 오래된 협동조합들에도 해당된다. 새스커툰에 있는 클리닉은 3만 명 이상의 캐나다 원주민에게 의료 서비스를 제공하는 유일한 곳이다. 여기서는 많은 원주민들이 직원으로 일하고 있기도 하다. 의료와 사회적 돌봄을 결합함으로써 협동조합은 의료를 폭넓게 이해하고 건강의 사회적 결정요인 개념에 더 밀접하게 조응하게 된다고 한다.

캐나다 퀘벡에 있는 한 사회적 케어 협동조합[21]은 일곱 개의 시설에 대해 직원 관리, 직무, 카페를 포함하여 노인들에 대한 다양한 서비스를 제공하고 있다. 이 중 하나는 직접 소유하고 있으며 나머지 여섯 시설은 65세 이상 장애 노인이 거주하고 있는데 2000년부터 지방자치 단체의 주거 사무소housing office, 공중보건 지역 센터와 파트너십을 맺고 지원하고 있다. 협동조합은 이들을 24시간 책임지고 모니터링하고 있으며 주민이 12만 5천 명인 지역에서 260명을 고용하고 있다.[22]

미국에도 사회적 케어 협동조합이 있다. 뉴욕의 홈케어협동조합연합회Cooperative Home Care Associates는 2,000명의 직원이 근무하고 있으며 최근에 설립된 홈케어협동조합재단HomeCare Coop Foundation은 케어 제공자들의 기술과 생활을 개선시켜 결과적으로 고객들에게 도움이 되도록 하기 위해 재가 케어 협동조합들에게 역량 강화를 위해 지원을 제공하고 있다.

---

21. Coope'rative de solidarite' de services a" domicile du Royaume du Saguenay(Que'bec)
22. '지라드 보고서', LPS Productions, 2014.

남아프리카공화국에도 43개의 사회적 케어 협동조합이 있다고 한다. 이들이 돌봄, 피트니스, 마사지, 홈 케어, 장애가 있는 질병을 갖고 살아가는 사람들에 대한 지원 등 주로 노인들에게 서비스를 제공하는 다중 이해 관계자 또는 생산자 협동조합인 것으로 보인다.

사회적 관심의 중심에 있는 사회적 케어 협동조합의 발전에서 국가의 지원 역할은 아주 중요하다. 국가는 무엇보다 사회적 케어 협동조합에 적절한 법률과 규칙을 만들고 지원을 위한 프로그램들을 실행하거나 이들의 시장 보호를 위한 활동을 할 수 있다.

비즈니스 모델로서의 협동조합

협동조합은 성공적인 비스니즈 모델의 하나이기도 하다. 많은 조합원이 참여하기 때문에 리스크를 분산할 수 있다는 장점이 있으며 의사 결정 과정이 민주적이어서 사업의 내용도 공익성을 지향하는 경향이 높고 사업의 방식에서도 일탈이나 무모함을 피하게 된다. 자본 주도의 비즈니스가 아닌 사람 중심의 비즈니스로 의료나 복지 분야에 더 적합한 것으로 보인다. 의료 협동조합들이 그 나라 의료 서비스 공급 부문에서 중요한 역할을 담당할 정도로 성장한 사례들도 있다. 어떤 경우는 절대적인 영향력을 발휘하기도 한다.

의료 협동조합의 비즈니스 모델은 협동조합 자체만큼이나 다양하다. 그들은 연대 네트워크의 지원을 받지 않는 독립적인 의료 협동조합에서부터 세계에서 가장 큰 3대 협동조합 네트워크인 브라질의 유니메드, 스페인의 에스프리우, 일본의 의료복지협동조합연맹, 그리고 덜 유명하지만 규모가 큰 콜롬비아의 협동조합 살루드쿱Saludcoop, 쿠메바Coomeva까지 다양하다. 그들은 네트워크 안에서 아이디어를 교환하고, 자원을 공유하며, 개발 프로젝트를 공동으로 수행하기도 하고, 막강한 로비 활동도 같이 한다.

개발의 측면에서 의료 협동조합들은 새로운 조합원들을 끌어들이고 새로운 서비스들을 개발하면서 거대한 조직으로 성장해 나갈 수 있었다. 아니면 다른 의료 협동조합들과 핵심적인 개발 부분에서 연대를 유지하면서 공동 출자하기도 하였다. 그러면 개별적인 조합들에 대해 조정할 필요 없이 자기 조합원들 간 친밀성을 유지할 수 있다.

의료 협동조합의 다양한 사업 영역

의료 협동조합이 활동하는 사업 영역도 다방면에 걸쳐 있다. 전통적인 의료 서비스 공급에서부터 경영 지원, 물류, IT 그리고 의약품의 생산, 배송, 소매 사업까지 협동조합의 영역은 아주 넓다. 노인, 여성, 어린이. 장애인 등에 대한 사회적 지원과 자활, 그리고 원주민, 이주민, 난민 지원 사업 등까지, 관심을 두는 분야도 늘어났다. 의료 재정과 관련된 의료보험 협동조합이나 공제조합의 활동도 활발하다. 자연 의학, 대안 의학 분야도 협동조합의 사업 분야로 편입되었다. 점차 더 많은 사업 내용들이 협동조합의 이름으로 등장할 것으로 예상된다.

1993년 뉴질랜드에서 설립된 Health 2000이라는 협동조합은 내추럴 헬스에서 열정과 신념이 있는 멤버들로 구성되어 있으며 내추럴 헬스 소매 분야에서 활동하고 있다. 멤버들은 각자 자기 상점이 있는 자연 요법사, 동종 요법사, 허브 전문가, 또는 스포츠 치료사 등인 경우가 많았다. 82개의 상점이 있었는데 뉴질랜드의 16개 지역 중 15개 지역에 퍼져 있다.

모든 사람이 침을 맞을 수 있도록 하고 이 분야의 전문가들을 지원할 목적으로 설립된 POCA[23]는 침술사, 환자, 진료소 그리고 지원 조직처럼 지역 사회 침술 운동에 참여하고 있는 사람들이 참여하는 협동조합으로 빠르게 성장하고 있다. 원래 미국 오리건 주 포틀랜드에 있는 하나의 진료소였는데 현재는 다중 이해 관계자 협동조합으로 환자, 조직 활동가, 직원, 침술사 등 1,684명의 멤버가 있다. 2012~14년 사이 조합원 수가 두 배로 증가하였다.

캐나다의 데자르댕Desjardins 그룹 보험은 보충적 헬스플랜을 제공하는 것과는 별개로 개인들의 건강과 관련하여 인터넷으로 생활 습관과 의료 지식을 평가할 수 있는 설문을 제공하고 있다.

남아프리카공화국에서는 남아프리카 메디컬 케어 협동조합이 의료 기관 인가 과정을 포함하는 다양한 분야에서 조합원인 일반 의사들을 지원하는 사업을 펼치고 있다.

---

23. People's Organization of Community Acupuncture

독일의 EKK[24] 협동조합은 70개 병원의 소매 협동조합으로 매년 십억 달러 이상의 연간 매출을 올리고 있는데 독일에서 가장 큰 구매 그룹의 하나이다. 이들은 또한 조합 병원들에 컨설팅과 경영 관리 서비스를 제공하기도 한다. 이 카테고리에는 프랑스와 핀란드에 있는 몇 개의 IT 협동조합이 포함된다.

2010년 핀란드의 혁신기금은 개인 건강 플랫폼[25]과 에코 시스템ecosystem을 구축하는 프로젝트를 시작하였다. 탈티오니Taltioni 협동조합은 2010년 기술적 플랫폼 두고 비즈니스 에코 시스템을 구성하기 위해 설립되었다. 에코 시스템 가입이나 탈퇴가 용이하도록 협동조합 모델이 채택되었다. 탈티오니는 소비자 기반의 협동조합으로 시민들에게 평생에 걸쳐 사용자로서 이용 가능한 개인 건강 계정을 제공하는 것을 목표로 하고 있다. 처음 설립 멤버는 27개였으며 현재는 63개의 멤버가 있다. 조합원들은 모두 공공과 민간의 의료 IT 분야 회사들이다.[26]

다른 분야 협동조합들의 참여

　　　　　　　　의료 협동조합 자체는 아니지만 다른 영역에서 활동하는 협동조합이 의료 관련 사업을 시행하기도 한다. 협동조합의 특성상 조합원들의 요구를 반영해야 하기 때문에 의료

24. Dienstleistungs-und Einkaufsgemeinschaft Kommunaler Krankenhauser
25. Personal health record platform
26. '지라드 보고서', LPS Productions, 2014.

사업을 수행하는 경우는 종종 있다. 그러나 우리나라의 경우 일찍 발달한 농협이나 신협의 경우 두드러진 의료사업은 없었던 것으로 보인다. 일부 보험 상품을 선보이거나 무료 진료 봉사 활동을 펼치는 정도였다. 농협이나 신협이 자신들의 조합원들을 위해 의료 기관을 개설하여 직접적으로 의료 서비스를 제공하려는 시도가 없었던 것은 아니지만 실제 운영까지 가지는 못했다.

외국의 경우 자신들의 주 사업이 의료 서비스가 아니지만 다양한 방식으로 의료 서비스 제공에 참여하는 협동조합들이 있다. 이들은 클리닉, 병원, 사무소와 검사실 등의 의료 시설을 소유하거나 운영하기도 하고 질병이나 장애 예방 캠페인들을 벌이기도 하면서 의료 발전에 큰 역할을 담당하고 있다. 예금과 신용, 농업, 교통, 정육, 커피 생산과 같은 부문별 협동조합 조직인 경우도 있고 다목적 협동조합인 경우도 있다. 이들은 특히 중남미 지역에 많은데 오랫동안 지속한 것으로 보인다.

프랑스나 벨기에의 의료 공제조합들도 두 가지 역할을 결합하고 있다. 공제조합도 협동조합처럼 멤버십에 기반하는 조직인데 그들은 헬스플랜을 제공하면서 자신들의 의료 시설들을 통해 의료 서비스도 직접 제공한다. 특히 프랑스에서는 많은 시민들이 이를 이용하기에 대중적으로도 인정받고 있다. 영국에서도 헬스플랜을 제공하며 자체 병원도 소유하고 있는 공제조합이 하나 있다.

볼리비아에서 가장 큰 신용 협동조합인 Cooperativa de Ahorro y Crédito Jesús Nazareno Ltda는 40년 전 설립된 이후 조합원들에게 무료로 의료 서비스를 제공하고 있으며 1989년부터는 자신들의 약국도 소유하고 있다. 현재는 진료실과 약국 하나를 포함하여 모두 4개의 메디컬 센터를 운영하면서 10만 명 이상의 조합원에게 서비스를 제공하고 있다.

CECOSESOLA[27]는 베네수엘라 중앙에 위치한 협동조합으로 농업 생산, 소규모 농가공, 장례 서비스, 운송 사업 등에 참여하고 있다. 예금과 대출, 공제지원기금mutual aid funds도 관리하며 가정에서 생산한 농산물이나 수공예품을 배포하는 일도 한다. 의료 서비스도 제공하고 있는데 처음에는 회원 협동조합에만 제공하다가 나중에는 다른 연합들에도 서비스를 제공하고 있는데 서비스 제공 대상이 현재 20만 명에 이른다.[28]

과테말라의 엘레꾸에르도협동조합El Recuerdo Cooperative은 다양한 서비스를 제공하는 농업 협동조합으로, 2010년부터 할라파Jalapa 지역에 있는 8개 지방 자치체(90,429명의 주민)에 대한 의료 보장을 확대하기 위해 보건복지부와 계약을 맺고 있다. 엘레꾸에르도 모델에서는 의사, 건강교육 담당자, 농촌 기술자, 기술전문가, 기관 활동가 한 명씩으로 구성된 모바일 의료팀이 운영되고 있다.

각 지역의 집중 센터convergence centres에는 1~5명의 기관 활동가 또는 신생아 모성 간호사를 배치하고 있다. 그들은 예방과 홈 케어를 제공하고 출산을 보조하기도 한다. 각 지방 자치 단체마다 협동조합에서 훈련된 20여 명 정도의 지역 사회 활동가와 30여 명의 조산사가 활동하고 있다.[29]

---

27. Central Cooperativa de Servicios Sociales
28. '지라드 보고서', LPS Productions, 2014.
29. '지라드 보고서', LPS Productions, 2014.

엘레꾸에르도협동조합의 의료 프로그램 현장 모습 ©cooperativaelrecuerdo.com

　페루에서는 커피와 코코아 생산자 협동조합들이 자신들의 일차
활동에 더해 안데스 산지 주민들에게 기본적인 의료 서비스를 제공
하고 있다. 78개의 커피 협동조합들과 180개 소생산자 연합들은 5
만 가구(약 15만 명) 이상을 포함하고 있다. 그들의 활동은 의료 서비
스 이용이 어려운 인구 중 많은 부분을 담당하고 있다.

　일본에서는 농협이 복지 관련 별도의 조직을 통해 많은 병원을
운영하면서 조합원들에게 직접 의료 서비스를 제공하기도 한다. 이
들 농협 병원은 일본 농촌의 의료 공백을 메우는 중요한 역할을 수
행하고 있다.

글로벌 헬스와
협동조합

　　협동조합은 다양한 수준의 국가들에서 그들의 의료 문제를 해결하기 위한 유력한 수단의 하나이다. 저소득 국가에서는 기본적인 의료 서비스를 제공하는 것, 중소득 국가에서는 감염성 질환의 문제가 남아 있는 상태에서 새로운 만성 질환 문제의 비중이 커지는 문제, 고소득 국가에서는 경제 위기로 인해 가장 취약한 계층이 적절한 지원을 받지 못하는 등의 문제가 남아 있다. 의료 협동조합의 역할은 모든 국가에서 의미가 있다.

　　의료는 단순한 의학 치료의 관점을 넘어 전반적인 사회 경제학적 관점에서 사용된다. "협동조합만의 독특한 관점에서 개발된 의료 모델은 항상 지역 사회의 경제를 활성화시킨다는 원칙과 가치를 지향한다. 때문에 의료 협동조합이 선진국과 개발도상국 모두에서 경제와 사회 복지를 증진시키는 유용한 도구로 작동될 수 있는 것"이라고 국제의료협동조합연맹 기사도 회장은 말하였다.

　　의료 협동조합은 2008년 세계 경제를 강타한 경제 금융 위기의 영향으로 상당수의 환자들이 국경을 넘나드는 상황 속에서 각 나라의 의료법과 협동조합법의 변화 등의 영향을 받아 왔다.

　　의료 자원이 부족한 나라에서 협동조합이나 공제조합들은 의료 자원으로서 중요한 역할을 담당하고 있다. 의료 서비스 자체를 직접 제공하기도 하고 의료보험과 같은 헬스플랜을 제공하기도 한다. 의료 협동조합이 아프리카 같은 가난한 나라에서 자리 잡는 데 어려움을 겪는 이유는 의료 시설을 운영하려면 전문적인 인력과 기술, 장비, 시설들을 필요로 하기 때문인 것 같다. 직접 운영하든지 아니면 의료 공급자들과 협약을 맺어야 하는데 쉽지 않은 경우가 많다. 그만큼 다른 분야 협동조합들의 의료 분야 사업 참여는 중요한 방식의 하나가 될 수 있다.

히말라야 카트만두 근처의 티카탈리Tikathali 마을에 위치한 여성 의료협동조합Women's Health Cooperative은 처음 25명의 여성으로 시작해 지금은 300명을 넘고 있으며 네팔에서 혁신적인 모델이 되고 있다. 이 협동조합의 멤버십은 가족 단위로 부여하고 있으며 지역 여성들에게 의료 서비스에 대한 접근성 향상을 개선하기 위해 노력하고 있다. 협동조합은 건강 증진과 예방에 대해 지대한 관심을 기울이고 있는데 예를 들면 마을에 만연한 알콜 중독 같은 문제를 해결하기 위해 마을 사람들로 하여금 지속적으로 관심을 갖고 해결 방안을 찾을 수 있도록 노력하고 있다.

르완다의 경우 인구의 90% 이상이 공제조합에 의해 제공되는 의료보험에 의해 커버되고 있다. 브라질의 협동조합인 유니메드는 1만 명 이상의 의사들과 연계되어 있으며 2014년 브라질 월드컵에서는 응급의료 서비스 제공 공식 기관으로 지정되기도 하였다. 코스타리카, 우루과이, 아르헨티나 등에서는 정부가 나서 협동조합이 의료 서비스를 제공할 것을 호소하기도 한다.

선진국의 경우도 협동조합은 의료 전문가들에게 소신을 갖고 일할 수 있는 안정된 직장을 제공하기도 하며 소비자에게는 안심하고 찾을 수 있는 병원의 역할을 맡기도 한다. 고령화로 인해 사회가 담당해야 할 의료와 복지 부담이 점점 커지고 있는 현실에서 국가가 이를 모두 떠안는 것도 점차 더 어려워지고 있다. 그렇다고 공적 성격이 강한 의료나 복지를 마냥 시장에 떠넘길 수도 없는 것이다. 여기서 제3섹터로서 협동조합의 역할이 커지고 있다고 볼 수 있다. 협동조합은 의료와 관련된 당사자들이 자발적이고 민주적으로 설립, 운영해 나가는 결사체로서 가장 적절한 서비스를 제공해 줄 수 있는 잠재적 가능성을 가지고 있다.

협동조합들이 한 국가의 범위를 넘어 활동하기도 한다. 사업 분야가 여러 나라에 걸쳐 있는 경우도 있고 저소득 국가의 의료 문제 지원에 참여하거나 의료 협동조합을 지원할 수도 있다. 다른 나라 의료 협동조합들 사이 교류도 활발해지고 있고 국제연대를 위해 의료 협동조합들이 적극적으로 참여하고 있기도 하다.

단일 의료 협동조합이 초국가적인 형태로 활동하기도 하는데 세계에서 가장 큰 의료 협동조합인 브라질의 유니메드는 유엔 개발 계획 프로그램의 범위 내에서 유엔과 공동으로 사업을 수행하기도 하였다. 이 협정을 통해 유니메드는 밀레니엄 개발목표를 달성하기 위한 여러 가지 활동을 시행할 수 있었다.

선진국의 의료 협동조합이 가난한 국가의 의료 문제를 해결하거나 의료 협동조합의 발전에 기여할 수도 있다. 미국의 거대 협동조합인 헬스파트너스가 아프리카에서 수행했던 지원 사업들은 모범적인 사례이다. 2013년 미국의 헬스파트너스는 빌과멜린다게이츠 재단과 다른 여러 단체들이 지원하는 'Saving Lives at Birth'에 대한 혁신적 아이디어 공모에 참여하여 우간다 마마쿱Mama Coop 결성을 위한 기금으로 25만 달러를 받게 되었다.

마마쿱 프로젝트 보고서 표지 ©healthpartners.com

마마쿱 프로젝트는 산모와 신생아에 대한 의료 서비스 접근성을
높이는 것 그리고 건강 교육에 대한 산모들의 접근성을 향상시키고
위생적인 치료 추구 행위를 지원하는 것을 목표로 하고 있었다. 최
소 900명의 여성과 신생아(전체 주민은 6,000명)를 담당하는 지역 사
회 소유의 의료 협동조합의 발전을 통해 의료 서비스의 질과 책임,
접근성을 이루기 위해 노력하였다.[30]

의료 협동조합은 개별 국가의 여러 상황에 따라 다양한 발전 과
정을 보이고 있는데 상호간 교류와 소통은 협동조합의 발전에 새로
운 계기를 마련해 줄 수도 있다. 캐나다 의료 협동조합들이 일본 의
료생협을 방문하고 나서 일본의 반 모임HAN kai 프로그램을 도입
하여 시행하고 있는데 좋은 효과를 거두고 있는 것이 그 사례에 해

---

30. '지라드 보고서', LPS Productions, 2014.

당될 것이다.

우리의 보건 의료 분야 국제 지원 방식에 대해서도 점검해 볼 필요가 있다. 우르르 몰려가 한바탕 휩쓸고 오는 단기 의료 지원 방식은 결코 당사자들의 역량 강화에 도움이 되지 못한다는 평가를 명심해야 한다. 국제 지원에서 당사자들이 협동조합 방식을 받아 들여 의료 협동조합을 만들고 외부에서 이를 지원하는 방안을 모색한다면 보다 장기적인 전망 속에서 의료 사업이 가능해질 것이다. 일방적 시혜 논란을 벗어날 수 있는 대안 중 하나이다.

지속가능 개발목표와 협동조합의 역할

국제 의료 협동조합 조직이나 개별 협동조합들이 밀레니엄 개발목표 사업에 직접적으로 참여하지는 않았지만 사업 내용이 이에 밀접하기 때문에 협동조합의 역할에 의미를 부여하기도 한다.

밀레니엄 개발목표의 기한인 2015년이 끝나면서 이후 개발 전략으로 지속가능 개발목표에 대한 논의들이 국제기구, 국가, 시민 사회 속에서 이루어져 왔다. 그 결과 2015년 9월 유엔 총회에서는 향후 15년 동안 국제 사회의 발전 방향성을 제시하는 지속가능 개발 의제가 회원국 정상들의 합의하에 발표되었다. 2030년까지 추진할 의제로 17대 목표와 169개의 세부 목표로 이루어진 지속가능 개발 목표를 포함하는 2030개발의제는 '누구도 뒤처지지 않는 발전'을 표방한다. 그리고 국제 사회가 함께 고민해야 할 당면한 도전 과제들을 인식하고 이를 어떻게 해소해 갈 것인가 하는 국제 사회의 오랜 고민을 지속가능 개발목표와 이행 수단을 통해 밝히고 있다.

흔히 밀레니엄 개발목표를 대체하는 개발 협력의 목표로 지속가능 개발목표를 언급하지만 실제 지속가능 개발목표는 개발도상국 발전을 위한 목표라기보다는 세계 전체가 이행해야 할 보편적이고 미래 지향적인 모두의 목표인 셈이다. 지속가능 개발목표의 17대 의제는 다음과 같다.[31]

지속가능 개발목표 17대 의제

① 모든 곳에서 모든 형태의 빈곤 종식

② 기아 종식, 식량 안보와 영양 개선 달성 및 지속 가능한 농업 진흥

③ 모든 연령층 모든 사람을 위한 건강한 삶 보장 및 복리 증진

④ 포용적이고 공평한 양질의 교육 보장 및 모두를 위한 평생 학습 기회 증진

⑤ 양성 평등 달성 및 모든 여성과 소녀의 권익 신장

⑥ 모두를 위한 물과 위생의 이용 가능성 및 지속 가능한 관리 보장

⑦ 모두를 위한 저렴하고 신뢰성 있으며 지속 가능하고 현대적인 에너지에 대한 접근 보장

⑧ 모두를 위한 지속적이며 포용적이며 지속 가능한 경제 성장 및 완전하고 생산적인 고용과 양질의 일자리 증진

⑨ 회복력 있는 사회 기반 시설 구축, 포용적이고 지속 가능한 산업화 증

---

31. 한국국제협력단(KOICA). "지속가능 개발목표(Suatainable Development Goals, SDGs)란 무엇인가?" (http://blog.naver.com/prkoica/220699901735)

지속가능 개발목표 17대 의제를 모아서 표시한 그림

진 및 혁신 촉진

⑩ 국가 내 및 국가 간 불평등 완화

⑪ 포용적이고 안정되며 회복력 있고 지속 가능한 도시와 정주지 조성

⑫ 지속 가능한 소비 및 생산 양식 보장

⑬ 기후 변화와 그 영향을 방지하기 위한 긴급한 행동의 실시

⑭ 지속 가능 개발을 위한 대양, 바다 및 해양 자원 보존 및 지속 가능한 사용

⑮ 육상 생태계의 보호, 복원 및 지속 가능한 이용 증진, 산림의 지속 가능한 관리, 사막화 방지, 토지 황폐화 중지·역전 및 생물 다양성 손실 중지

⑯ 모든 수준에서 지속 가능 개발을 위한 평화롭고 포용적인 사회 증진, 모두에게 정의에 대한 접근 제공 및 효과적이고 책임감 있으며 포용적인 제도 구축

⑰ 이행 수단 강화 및 지속 가능 개발을 위한 글로벌 파트너십 활성화

협동조합은 실제 지속가능 개발목표를 논의하는 과정에는 참여하지 못했다. 협동조합이 국가, 국제적 쟁점보다는 지역적 쟁점에 더욱 사로잡히는 경향이 있으며, 협동조합이 기본적으로 조합원의 개별적, 공동체적 관심에 집중하기 때문에 협동조합의 목소리와 존재는 국가, 국제 영역에서 잘 반영되지 않는 경우가 많다. 그러나 또 다른 중요한 이유는 협동조합 운동이 포스트 2015 개발 의제 협의 과정에 초대받지 못해 참여하지 못했으며 협동조합 스스로도 이를 잘 알지 못했기 때문이다.

최근에는 국제 협동조합과 공제조합 운동의 리더들이 포스트 2015 개발 틀을 위한 유엔 내 논의 과정에 보다 적극적으로 개입하고 있다.[32] 국제협동조합연맹에서도 협동조합이야말로 지속가능한 발전을 이끌 수 있는 동력으로 보고 94회째인 '2016년 세계 협동조합의 날'[33] 슬로건으로 '협동조합 : 지속가능한 미래를 위한 행동하는 힘'을 내걸었다.[34] 그리고 지속가능 발전목표에 부합하는 각 나라의 협동조합 계획을 공유하는 플랫폼[35]도 내놓아 이를 공유하고 확산하기 위한 실행에 나서고 있다.[36]

협동조합은 지속가능 개발목표 모든 부문의 과제 수행에서 적합한 조직 방식이라는 데 국제 사회가 폭넓게 동의하고 있다. 건강과

---

32. ILO ICA(2014), "Cooperatives and the Sustainable Development Goals: A Contribution to the Post-2015 Development Debate", 이경수(역) (2014) (아이쿱 해외협동조합연구동향 2014-11) 『협동조합과 지속가능발전 : 포스트 2015 논의에 대한 기여』, 서울 : (재)아이쿱협동조합연구소. (이후 ILO ICA(2014), 『협동조합과 지속가능발전 : 포스트 2015 논의에 대한 기여』로 표기.)
33. 7월 2일
34. 주수원, 「협동조합, '지속가능한 발전' 위해 다시 뛴다」, 『한겨레신문』, 2016.7.6.
35. www.coopsfor2030.coop/en
36. icoop 협동조합지원센터, SGDs(Between Vol.10)

지속가능 개발목표를 강조하고 있는 2016년 세계 협동조합의 날 로고

의료의 문제도 중요한 과제의 하나이다. 협동조합은 의료 서비스 전달 인프라를 만들고, 재정을 지원하고, 환자들에게 적절한 의료 서비스를 제공함으로써 건강한 삶을 보장할 수 있다. 협동조합은 재택 돌봄부터 완벽한 수준의 병원 치료까지 무엇이든 제공할 수 있다. 의료 협동조합들이 전 세계 1억 가구 이상에게 의료 서비스를 제공하는 것으로 추정할 정도로 이미 그 기반도 광범위하게 구축되어 있는 것으로 보인다. 그동안 다져온 의료 협동조합 활동들의 성과를 활용하면 지속가능 개발목표 성취에 도움을 얻을 수 있을 것으로 보인다.

　의료 협동조합들의 활동은 다양하면서도 광범위하다. 그리고 전 세계적으로 분포하고 있다. 캐나다 전역 8개 주를 아울러 100개 이상의 협동조합이 100만 명 이상에게 주로 재택 돌봄을 제공하고 있고, 콜롬비아의 살루드쿱은 의료 협동조합이자 전국에서 두 번째로 큰 회사로 인구의 25%에게 서비스를 제공하고 있다. 일본의 경우 111개의 의료 협동조합이 300만 명 가까운 환자들을 치료한다. 스리랑카의 의료 협동조합은 소비자 및 농업 협동조합 조합원들에게 의료 서비스를 제공하기 위해 사업체를 별도 설립한 경우가 많다.

미국에서는 조합원 65만 명, 의료시설 30개, 의사 1,000여 명을 포함해 직원 9,500명을 둔 푸젯사운드 지역의 그룹헬스 협동조합 사례처럼 의료 협동조합이 병원과 진료소를 운영한다. 네팔에서는 협동조합이 낮은 연간 가족 비용으로 조합원들에게 기초 의료 돌봄 서비스를 제공한다. 터키의 약국 협동조합은 순수한 적정 가격 의약품을 조합원들에게 제공한다. 의료 재정 지원은 협동조합의 중요한 역할이다.

미국의 의료 협동조합은 보험 가입자들이 소유하는 가장 대중적인 의료보험 계획 중 하나다. 에티오피아의 오로미아Oromia 커피 농민협동조합연맹, 가나의 쿠아파코쿠KuapaKokoo, 남아프리카공화국의 하이벨드Heiveld 협동조합 등 아프리카에서 공정 무역 사업을 하는 협동조합은 종종 멀리 떨어진 지역에 공공 의료 및 의료 서비스를 지원하는 데 공정무역 기금을 이용한다. 케냐, 남아프리카공화국, 탄자니아, 레소토, 스와질랜드와 아시아 일부에서는 협동조합이 HIV/AIDS 재택 돌봄 서비스를 제공한다.[37]

협동조합들이 글로벌 헬스의 개선, 지속가능 개발목표 성취에 기여할 수 있다는 사실은 명확하다. 이러한 목표를 설정하고 실행

---

37. ILO ICA(2014). 『협동조합과 지속가능발전 : 포스트 2015 논의에 대한 기여』

하는 기관들과 협동조합들과의 긴밀한 협력이 필요하며, 협동조합 내에서도 지속가능 개발목표에 대한 인식을 높이고 전 세계적 흐름 과 보조를 맞추려는 노력이 필요하다.

의료 협동조합의 전망

(1) 협동조합의 조합원들

협동조합 운동의 핵심은 조합원들이다. 조합원의 요구에 따라 협동조합이 결성되고 이후의 발전도 조합원들의 참여에 크게 좌우 된다. 의료 분야 협동조합의 경우도 마찬가지이다. 대륙마다 나라 마다 의료 분야 협동조합의 특징이나 발전 정도는 차이가 크지만 조합원들의 역할이 절대적이라는 사실은 공통적이다.

의료 협동조합의 조합원들은 단순히 협동조합 자체에 한정되지 않고 전체 의료 시스템에도 영향을 미치게 된다. 환자, 세금 납부자, 관찰자로서가 아니라 보건 의료의 계획과 실행에 참여하는 행위자 로서 보건 의료 시스템에서 의미 있는 역할을 담당하고 있는 셈이 다. 세계보건기구는 다음과 같이 언급하고 있다.

"건강 거버넌스는 더 이상 국가의 독점적 전유물이 아니다. 시민사회 네 트워크, 비정부기구, 자선기금, 동업자 단체, 미디어, 개인들은 모두 부분 적으로는 정보 기술과 사회적 미디어 덕택에 건강 문제에 대해 새로운 목소리를 내면서 영향력을 발휘한다."

협동조합들은 조합원들의 기여로 운영되고 발전하고 있으며 동시에 조합원들은 그런 참여와 기여를 통해 만족감을 얻고 있다. 협동조합의 조합원들은 단순한 소비자가 아니라 자신의 인생과 지역사회 안녕에 참여하고 있다는 생각을 갖게 되는 것이다.

협동조합들은 조합원 모임들을 조직하고 다양한 캠페인들에 조합원들의 자발적 참여를 권유함으로써 사회적 연계, 상호작용, 사회적 자본을 창출한다. 조합원 모임들의 활성화는 협동조합 발전에 있어 중요한 배경으로 작용한다.

(2) 빈곤과 보편적 의료보장

빈곤 문제의 해결에서 협동조합은 어느 정도 역할을 담당할 것으로 기대할 수 있을 것이다. 이러한 기대는 다양한 분야의 협동조합에 모두 적용될 것이고 의료 분야도 마찬가지이다. 의료 협동조합은 빈곤으로 인한 의료 접근성 문제 해결의 대안을 제시해 줄 수 있을 것이다.

2006년 세계은행 간행물이 가난한 나라에 비해 부자 나라에서 의료 요구와 지출 사이에 상대적으로 더 큰 갭이 있다고 밝힌 적이 있다. 세계 인구의 84%를 차지하는 저소득 국가들은 질병의 거의 90%를 경험하고 있으나 GDP의 20%, 세계 연간 의료 비용의 12%만을 지불하고 있다. 반면 미국의 경우 세계 인구의 5%만을 차지하고 있지만 세계 전체 의료 비용의 40~50%를 차지하고 있다는 것이다. 동시에 미국 인구의 5%가 하루 2달러 미만의 빈곤 상황에 처해 있다는 사실은 아이러니하다.

의료 분야의 협동조합들이 국가 차원의 문제들을 해결해 나가기는 어렵다. 그러나 협동조합들이 지역 차원에서 의료나 사회 상황에 긍정적 영향을 미치는 것이 현실적으로 가능할 것으로 보인다. 글로벌헬스Global Health 리뷰 글에서 데이비드 바라쉬David Barash 박사는 다음과 같이 주장하고 있다.[38]

"글로벌 헬스의 다음 단계는 비전염성 만성 질환에 초점이 모일 것이다. 이들은 지역 사회에 의해 수행되고 유지되는 측정 가능하고 지속 가능한 프로그램을 요구한다. 결과와 영향 측면에서 측정 가능하고 지속 가능한 개선이 되도록 척도를 세우고 의료 시스템 변화를 실행하는 데는 계약 방식이 중요하다"

협동조합은 지역적 기반을 중요시하기 때문에 지역 사회의 의료 요구를 수용하며 지역 주민의 의료 접근성 개선을 위해 노력한다. 빈곤으로 인한 의료 접근성 개선에서 협동조합의 역할은 중요한 의미를 가지고 있다.

여러 해 동안 세계보건기구는 세계적인 '보편적 의료보장UHC'[39]에 대해 강조해 왔다. 이는 각 나라의 의료 시스템이 지향해야 할

---

38. '지라드 보고서', LPS Productions, 2014.
39. Universal heath coverage. 2012년 12월 유엔 총회에서 채택한 결의안으로, 건강을 인간의 기본권에 포함시킨 세계보건기구 알마아타 선언을 기초로 인류가 진료비 걱정 없이 의료 서비스를 누릴 수 있도록 하자는 취지이다.

중요한 과제의 하나로 여겨졌다. 보편적 의료 보장의 성공에 있어 핵심 요인은 다음과 같다.

- 에이즈, 결핵, 말라리아, 비전염성 질환, 모성과 유아 건강 등의 서비스를 포함하는 사람 중심의 통합적 케어를 통해 우선적인 의료 요구를 충족시킬 수 있는 강력하고 효율적이며 잘 운영되는 의료 시스템
  - 건강하게 지내면서 질병을 예방할 수 있도록 사람들에게 정보를 제공하고 격려하는 것
  - 조기에 건강 상태를 알아내는 것
  - 질병을 치료할 수 있는 능력을 키우는 것
  - 환자의 재활을 돕는 것
- 재정 부담: 사람들이 재정적인 문제로 고통 받지 않도록 지원해 주는 시스템. 다양한 방식으로 성취될 수 있다.
- 기초 의약품과 질병을 진단하고 치료하는 의학 기술에 대한 접근성
- 근거에 기초하여 환자들의 요구를 충족시킬 수 있는 서비스를 제공하는, 숙련되고 동기 부여가 되어 있는 보건 활동가의 충분한 역량

협동조합들이 혼자서 모든 걸 할 수는 없다. 르완다처럼 공제 의료 기구들이 헬스플랜의 최전선에서 활동하고 있기는 하지만 이는 오히려 예외적인 경우이다. 그러나 목표를 성취하는 데 도움이 되는 자산을 가지고 있다.

전 세계에서 소수의 국가만이 제대로 된 보건 의료 시스템을 갖추고 있다. 의료가 사유화되어 있고 통제받지 않고 분권화되어 있

는 몇 나라에서는 의료비 지출의 많은 부분이 국가에서 개인 책임으로 넘어가 있다. 베트남에서는 인구의 3분의 1에서 절반 정도가 의료 서비스를 정기적으로 이용하기 어렵다. 인도에서는 70% 이상이 공공 의료 대신 민간 의료를 이용하고 있다.

협동조합들은 이러한 문제에 해법을 제공하기도 한다. 최근에 있었던 중요한 개혁의 하나가 미국의 오바마 케어OBAMAcare이다. 2014년 6월 30일까지 2,400~2,900만 명의 미국인이 새로운 의료 혜택을 받게 되었는데 이게 가능했던 것은 '소비자가 주체가 되고 소비자를 위한 계획CO-OP[40]'의 확립에 기인하는 바가 있다. 이는 연방정부가 설립 기금을 제공하였기에 가능했는데 그 과정에서 협동조합이 큰 역할을 담당하기도 했다.

국가가 협동조합의 역할에 대해 무시하기도 하지만 일부 국가에서는 중요한 의료 시스템의 하나로 인정하기도 한다. 과테말라, 르완다, 코스타리카, 우루과이, 스페인, 캐나다의 경우 멤버십 조직들의 역할에 대한 국가의 공인을 통해 더 많은 부가 가치를 창출하고 있다. 협동조합들은 사람들에게 건강하게 지내면서 질병을 예방할수 있도록 정보를 제공하고 격려함으로써 조합원들의 요구 충족 그리고 좀 더 넓게는 지역 사회의 안녕에 지대한 관심을 가지고 있다. 그리고 협동조합들은 소득 수준, 성별, 나이, 시민권, 인종 등의 이유로 차별하지도 않는다.

우리나라에서 국가적 의료 보장 시스템이 없던 시절에 의료보험

---

40. Consumer Operated and Oriented Plans

협동조합이 의료 보장의 역할을 수행한 바 있고, 그 후에는 비대해진 민간 의료 부문에서 의료 공공성 유지를 위해 중요한 역할을 수행하고 있다. 나라마다 다른 의료 시스템 상황에서 협동조합들은 자신이 처한 상황에 맞게 다양하게 발전하고 있다.

(3) 인구학적 변화와 협동조합의 역할

현재 전 세계는 이전에 경험해 보지 못한 인구학적 변화에 직면해 있다. 공중 보건과 의학의 발전에 힘입은 평균 수명 증가로 인해 노인 인구가 폭발적으로 증가하고 있다. 선진국들 중심 출생률은 감소하지만 아프리카의 출생률은 여전히 높게 유지된다.

최근 유니세프의 보고에 의하면 높은 출생률로 인해 2050년까지 아프리카 인구는 전 세계 인구의 25%를, 2100년이 되면 40%까지 이를 것으로 예측된다고 한다. 이처럼 앞으로 수십 년에 걸쳐 아프리카를 압박하게 될 인구 통계학적 쇼크는 전 세계 인구 구성에 큰 변화를 몰고 올 것으로 예상된다. 두 가지 주요한 흐름이 따를 텐데 첫 번째는 2050년경 전 세계 신생아의 41%가 아프리카에서 태어날 것이며, 다음은 도시화가 가속화되어 현재는 40% 수준이지만 2050년대에는 60%에 이르게 된다는 것이다.[41]

인구 붐은 도시화와 동시에 진행될 것이고 도시화는 질병 확산을 부추기게 될 것이다. 이런 중대한 변화의 시기에 어떻게 하면 협동조합 같은 조직들이 의료와 사회적 케어 분야에서 더 큰 역할을

---

41. '지라드 보고서', LPS Productions, 2014.

맡을 수 있을지 고민해 볼 필요가 있다.

아프리카 같은 경우 인구 증가에 직면해 있는 반면 다른 나라의 경우 이미 60세 이상 인구 비율이 신기록을 세우고 있다. 앞으로 20~30년을 예상해 보아도 지금과 비슷할 것으로 보인다. 2012년 통계는 이탈리아, 영국, 프랑스, 포르투갈, 독일에서 60세 이상 인구 비율이 23%에 도달해 있다. 일본의 경우는 이 비율이 31.9%이고 우리나라와 대만이 곧 따라 붙을 것으로 보인다.

세계보건기구에 따르면 2050년에는 20억 인구가 60세 이상이 될 것이며 이 중에서 80%가 현재 저소득과 중소득 국가에 살고 있을 것이다. 달리 얘기하면 2000년에서 2050년 사이에 60세 이상 세계 인구가 약 11%에서 22%로, 두 배로 증가할 것이다. "파피붐 Pappy-Boom"이라고 얘기하는 이 시기에 연금 기금과 의료 비용의 확대, 은퇴자들을 부양할 젊은 사람의 부족, 노인들의 사회적 고립 등 몇 가지 중대한 도전에 직면하게 될 것이다.

노인들의 다양한 요구를 지원하기 위해 공적 부문뿐만 아니라 민간 영리 부문의 비즈니스 모델도 관여하고 있으며 제3섹터 분야에서도 활발한 참여가 이루어지고 있다. 의료 협동조합과 사회적 케어 협동조합도 노인들의 문제에 대해 많은 장점을 갖고 있어 적극적인 활동이 기대된다.

노인들이 가능한 가정에 오래 남아서 지낼 수 있도록 지원하며 독립적인 생활에 필수적인 활동들인 식사하고, 목욕하고, 옷을 입는 등의 '일상 생활 활동'을 유지하는 데 필요한 다양한 서비스들을 지원할 수 있다. 노인들의 거주 문제를 해결하는 것도 중요한 이슈 중 하나이다. 노인들 자신들의 일상 활동이나 일정을 선택하기 어렵게 되면 급격히 악화되는데 이런 상황에서 협동조합 모델은 지역 사회 소속감이라는 노인들의 감각을 반영해서 지원을 제공하고 안전한 환경을 만들어 나갈 수 있다.

협동조합에도 혁신의 여지가 많다. 이미 노인들을 대상으로 한 많은 협동조합 건축 프로젝트가 자신의 자율성autonomy을 상실해 가고 있는 노인들을 위해 카페테리아나 헬스 센터 같은 의미 있는 서비스들을 도입하고 있다. 사실 노인들의 요구를 이해한다면 협동조합은 여러 측면에서 재미있는 옵션들을 제공할 수 있을 것이다.[42]

1. 노인들은 가능한 오래 집에 머물기를 바란다. 홈 케어 협동조합은 일상 생활 유지와 다른 홈 서비스를 지원한다.

2. 노인들은 주거 협동조합에서 사는 걸 선택한다. 협동조합은 지원 서비스가 가능하도록 한다.

3. 노인들은 자동성의 의미 있는 상실을 경험한다. 시설 케어 협동조합은 생활을 지원해 주는 다양한 서비스들을 제공한다.

노인들에 대한 지원에는 의료 협동조합뿐만 아니라 건축 협동조합, 홈 케어 협동조합, 장례 협동조합 등 다양한 유형의 협동조합 그리고 협동조합은 아니지만 이에 관계하는 다른 조직들과의 유기적인 네트워크 구성과 소통이 필요하다.

---

42. '지라드 보고서', LPS Productions, 2014.

(4) 연대와 협동

세계에는 협동조합은 아니지만 의료 분야에서 활동하는 비정부 기구 또는 비영리 기구들이 많다. 조직이나 운영 방식에서 차이가 있음에도 불구하고 이들은 특징, 가치, 원칙 등 많은 부분을 공유하고 있다. 사회적 가치의 실현을 위해 다양한 사회적 조직들과 연대하는 것은 필수적인 과정이다. 공공 부문과도 적극적인 연대와 협동이 필요하다.

협동조합은 아니지만 비영리 민간 조직으로 벨기에 메디컬 센터 Maisons médicales는 100개 이상 있으며 1,600여 명의 직원이 22만 명의 환자에게 서비스를 제공하고 있다. 그들의 목표, 지역 사회와의 연계, 환자 요구에 대한 감수성 등 여러 측면에서 협동조합 모델과 유사하다. 말리의 ASACO[43] 는 의료와 사회적 케어를 결합하고 있다. 그들은 여성과 어린이들을 중심으로 하는 전략을 세우고 있는데 40명의 일반의가 어린이, 산모, 수유부 그리고 환자들의 영양에 관한 특별 훈련을 받았다.

이처럼 협동조합은 아니지만 유사한 민간 조직들과의 연대를 통해 의료 분야의 발전을 도모하는 것은 협동조합의 전망을 얘기할 때 중요한 영역의 하나이다.[44]

우리나라에서도 협동조합이 아닌 다양한 단체들이 이 분야에서 활동하고 있다. 우리의 경우 의료 공급에서 민간 부분이 차지하는 비율이 90%를 넘기에 의료의 공공성을 유지하기 위해서는 민간 부

---

43. Associations de santé communautaire
44. '지라드 보고서', LPS Productions, 2014.

분의 공공성 또는 공익성 유지가 절대적으로 필요하다. 협동조합은 특성상 민주적 구성 원리에 기반하고 사회적 공익에 대한 관심이 높아 중요한 역할을 담당할 수 있으며 나아가 다른 의료 기관, 단체들과의 연대에서 중심 역할을 담당할 수도 있다.

일본에서는 의료생협을 포함하여 민간 부분의 공익 지향 의료기관들이 모여 전일본민주의료기관연합회라는 상위 단체를 만들어 활동하고 있다. 이 단체는 민간 부분에서 의료공공성 유지에 중요한 역할을 담당하고 있다.

(5) 의료 혁신

앞에서 의료 혁신과 관련 협동조합의 역할에 대해 다양하게 설명하였다. 새로운 변화와 환경에 대응하기 위해 의료 분야에서도 혁신이 필요하다. 의료를 이용하는 소비자들의 요구를 얼마나 제대로 반영할 수 있는가의 문제와 그 실현 과정의 혁신 그리고 이에 따른 비용 문제의 절감 등도 혁신 과제들이다. 의료 접근성의 개선을 통해 보편적 의료 보장을 실현하는 것도 혁신 목표이다.

마크 앤서미노Mark Ansermino 박사는 현재 세계에서 가장 중요하다고 여겨지는 글로벌 헬스 혁신에 대해 다음과 같이 쓴다.[45]

"글로벌 헬스에서의 혁신은 기술적 혁신, 사회적 혁신, 비즈니스 혁신으로 나눌 수 있다. 이들은 서로 겹치기도 하지만 가장 중요한 혁신은 비즈니스 혁신이다. 우리는 어느 장소에서든 모든 사람에게 감당할 수 있는 의

---

45. '지라드 보고서', LPS Productions, 2014.

료 서비스를 보장해 줄 수 있는 비즈니스 모델이 필요하다."

협동조합들이 의료 분야에 참여하고 있다는 사실은 안전한 식수, 적절한 거주지, 영양공급과 같이 근본적인 요구들에 비하면 사소한 이슈처럼 보일 수도 있다. 그러나 협동조합들은 다양한 상황에서 장기간에 걸쳐 근본적 요구들을 이용 가능하게 하는 비즈니스를 디자인하고 구축하고 운영할 수 있는 능력을 갖추고 있다.

3장 세계 의료 협동조합 현황

의료 협동조합은 오랜 시간을 거쳐 발전해 왔으며 전 세계에 퍼져 있다. 나라마다 다양한 특성들을 보이고 있지만 이를 관통하는 공통의 특성도 공유하고 있다.

국제연합이 2009년에 2012년을 '세계 협동조합의 해'로 지정하기로 한 결의는 각국에 협동조합의 발전에 우호적인 정책을 권고하도록 하는 하나의 계기가 되었다고 평가된다. 소위 개발 연대라고 불리는 1960~70년대에 제3세계에서는 협동조합이 경제 개발을 위한 수단으로서 정부 통제형으로 발전하기도 하였고, 구소련과 동유럽에서는 협동조합이 국가의 배급 기구로서 활용되었다. 하지만 1990년대에 체제 간 경쟁이 막을 내리고, 국가 자본주의적 발전 전략이 한계를 노정하면서 정부 통제형 협동조합 전략이 매력을 잃게 되었다. 반면에 조합원의 자발적인 협동조합 조직 전략이 강조되었으며, 이에 따라 정부 통제형 협동조합 제도 및 정책을 조합원 중심의 협동조합 발전을 위한 방향으로 전환하는 것이 중요한 정책적

과제로 등장하고 있다.[1]

3장에서는 전 세계 의료 협동조합의 현황에 대해 살펴볼 것이다. 대륙별 나라별 의료 관련 협동조합의 발달 과정과 특징들을 살펴보면 우리나라의 특수한 상황들을 이해할 수 있고 향후 협동조합 발전에 대한 전망을 세우는 데도 도움을 얻을 수 있을 것이다.

전 세계
의료 협동조합의 현황

전 세계 의료 협동조합 현황에 대해 체계적이고 정확한 자료 수집 체계는 아직 구축되어 있지 않다. 의료 관련 협동조합의 국제 연대 조직인 국제의료협동조합연맹도 아직 체계적인 통계 시스템을 마련하고 있지는 않다. 그나마 현재까지의 연구들 중에서 세계 의료 협동조합의 현황에 대해 가장 자세히 보고하고 있는 것은 지라드의 연구 보고서이다.[2]

지라드의 보고서에 따르면 전 세계 의료 협동조합의 수는 3,358개로 이 중 나라별 50개 이상 의료 협동조합들이 활동하고 있는 나라는 11개 국이다. 많은 순서대로 열거하면 이탈리아 945개, 브라질 848개, 콜롬비아 457개, 인도 221개, 아르헨티나 195개, 일본 111개, 핀란드 92개, 우루과이 88개, 캐나다 73개, 남아프리카공화국 69개, 네팔 54개 순이다. 우리나라는 17개[3]로 등록되어 있어

---

1. 장종익, 「최근 협동조합센터의 진화」, 『한국협동조합연구』 제32집 제1호, 2014.4.
2. '지라드 보고서', LPS Productions, 2014.
3. 주민 참여형 의료생협

[표 1] 전 세계 나라별 의료 협동조합의 수와 조합원 수

국가	협동조합 수	조합원 수	국가	협동조합 수	조합원 수
아르헨티나	195	2,700,000	호주	2	32,000
벨기에	18	N/A*	베냉	18	N/A
볼리비아	1	N/A	브라질	848	296,547
캐나다	73	88,128	칠레	5	29,902
콜롬비아	457	112,997	도미니카	5	23,740
적도기니	2	196	핀란드	92	N/A
프랑스	7	N/A	독일	1	N/A
가나	1	21	온두라스	2	N/A
인도	221	155,978	이란	9	N/A
이탈리아	945	50,000	일본	111	2,840,000
멕시코	5	12	네팔	54	14,000
뉴질랜드	2	N/A	니카라과	2	N/A
팔레스타인	1	N/A	파나마	1	37
파라과이	5	834	폴란드	17	N/A
포르투갈	38	18,000	한국	17	30,000
싱가포르	2	18,518	남아프리카공화국	69	39**
스페인	6	12,490	스리랑카	6	12,490
우간다	2	N/A	영국	20	3,320
미국	3	2,180,000	우루과이	88	1,690
베네수엘라	3	21,300	베트남	3	770
			총	3,358	9,330,498

* 정확한 자료가 없는 경우
** 3개 협동조합의 조합원 수이다. 이처럼 조합원 수가 전체 조합원을 반영하지 못하고 일부만 반영한 경우들도 있다.

유사 의료 협동조합이 의심되는 경우는 모두 제외된 것으로 보인다.([표 1]) 브라질의 경우 의료 시설별로 보면 병원이 107개, 낮 병원이 11개, 응급의료기관이 189개, 검사실 74개, 진단센터가 88개, 약국 120개이며 병상은 모두 8,345개였다.

의료 협동조합들 중에는 연대나 연합을 통해 훈련 프로그램, 지식 공유, 기금 조달과 같은 멤버십의 부가가치를 얻는 곳도 있다. 사용자 수치 면에서 볼 때 브라질, 영국, 콜롬비아, 일본, 스페인, 미국 같은 국가의 경우 의료 협동조합 이용자 수가 백만 명을 넘는다.

사회적 케어 협동조합은 전 세계적으로 14,811개가 보고되고 있는데 20개가 넘는 나라는 11개국이다. 이탈리아의 경우 10,838개로 절대 다수를 차지하고 있는데 가장 먼저 법적으로 인정받았기 때문에 이처럼 크게 발달할 수 있었다. 다음은 일본으로 2,449개, 콜롬비아 457개, 스페인 399개, 포르투갈 209개, 파라과이 110개, 캐나다 58개, 남아프리카공화국 43개, 한국 42개, 호주 34개, 영국 26개 등이다.([표 2])

지라드의 보고서는 의료 서비스에 참여하는 다른 분야 협동조합과 공제조합의 현황에 대한 자료도 제시하고 있다.([표 3]) 구매, IT, 지원 업무를 담당하는 협동조합이 모두 12개이고 다른 분야 협동조합 또는 공제조합이 모두 1,620개이다. 후자의 경우 아르헨티나가 861개로 가장 많고 다음이 프랑스 450개, 파라과이 107개, 한국 42개, 일본 36개 등이다.

[표 2] 전 세계 나라별 사회적 케어 협동조합의 수와 조합원 수

국가	협동조합 수	조합원 수	국가	협동조합 수	조합원 수
아르헨티나	N/A*	N/A	호주	34	N/A
벨기에	12	N/A	볼리비아	19	N/A
브라질	9	393	캐나다	58	40,000
칠레	1	25	콜롬비아	457	N/A
코스타리카	7	N/A	엘살바도르	1	20
적도기니	2	N/A	프랑스	11	N/A
그리스	16	N/A	이탈리아	10,836	N/A
일본	2,449	N/A	말레이시아	13	N/A
멕시코	13	N/A	네덜란드	2	N/A
니카라과	1	N/A	파나마	9	20
파라과이	110	N/A	페루	2	N/A
포르투갈	209	22,000	한국	42	N/A
싱가포르	6	917	남아프리카 공화국	43	N/A
스페인	399	N/A	스위스	2	317
영국	26	2,347	미국	21	N/A
우루과이	9	N/A			
			총	14,811	66,039

조합원 수가 전체 조합원을 반영하지 못하고 일부만 반영한 경우들도 있다.
* 정확한 자료가 없는 경우

[표 3] 의료 분야에 참여하는 다른 분야 협동조합과 공제조합의 수

국가	구매, IT,지원 협동조합	다른 협동조합, 공제조합	국가	구매, IT,지원 협동조합	다른 협동조합, 공제조합
아르헨티나	N/A*	861	벨기에	N/A	2
볼리비아	N/A	2	브라질	N/A	N/A
칠레	N/A	3	콜롬비아	N/A	5
도미니카	N/A	3	엘살바도르	2	N/A
적도기니	N/A	2	핀란드	N/A	2
프랑스	2	450	독일	2	N/A
온두라스	N/A	5	일본	N/A	36
말레이시아	1	N/A	멕시코	N/A	6
니카라과	N/A	1	파나마	1	N/A
파라과이	N/A	107	한국	N/A	42
남아프리카 공화국	1	N/A	영국	N/A	1
미국	2	N/A	우루과이	N/A	9
베네수엘라	N/A	3			
			총	12	1,620

* 정확한 자료가 없는 경우

대륙별 의료 관련
협동조합 현황

　　　　　지리적 관점에서 볼 때, 다음 [그림 1~4]에서 보는 것처럼 의료 관련 협동조합은 특히 중남미에서 그리고 캐나다가 어느 정도 발달해 있다. 유럽에서는 이탈리아, 스페인, 포르투갈과 같은 라틴 계열 국가가 발달해 있고 아프리카와 중동 지역에서는 의료 협동조합의 수가 극히 제한적이다. 아시아의 경우 일본과 한국에서는 중요한 부분을 차지하고 있으며, 네팔, 스리랑카, 인도 등에서는 자료가 부족하기는 하지만 의료 협동조합이 존재하고 있는 것으로 알려져 있다. 팔레스타인, 이란 등 중동 지역에도 협동조합이 있다고 한다.[4]

　의료 시설을 소유 또는 운영하고 있는 의료 협동조합, 다른 분야 협동조합 그리고 공제조합 수를 보면 남미가 가장 많고 다음은 유럽이다. 다음이 아시아 국가들이다. 이 자료로 보면 남미를 의료 관련 협동조합의 메카라 부를 만하다.([그림 2~3]) 이 중 브라질의 유니메드, 콜롬비아의 살루드쿱 등이 대표 주자로 뽑힌다.

　협동조합의 이용자 수를 비교해 보면 마찬가지로 남미가 가장 많고 다음으로 아시아 지역이 유럽보다 약간 많은 것으로 나온다. 아시아에서 의료 협동조합이 가장 발달한 일본의 영향이 큰 것으로 보인다.([그림 4])

---

4. '지라드 보고서', LPS Productions, 2014.

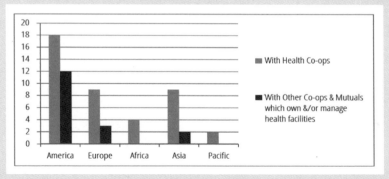

[그림 1] 의료 시설을 소유하거나 운영하고 있는 의료 협동조합 또는 다른 분야 협동조합과 공제조합이 있는 국가의 수

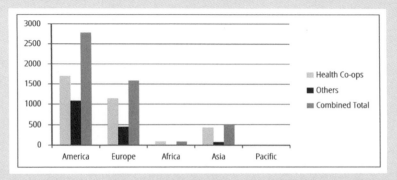

[그림 2] 의료 시설을 소유 또는 운영하고 있는 의료 협동조합, 다른 분야 협동조합과 공제조합의 수

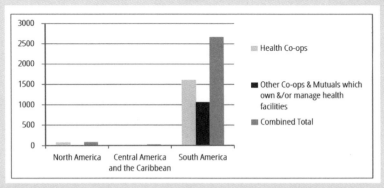

[그림 3] 아메리카 지역에서 의료 시설을 소유 또는 운영하고 있는 의료 협동조합, 다른 분야 협동조합과 공제조합의 수

보건, 의료, 건강, 복지 분야는 협동조합이 활동하는 다양한 영역 중 하나이다. 각 나라마다 역사적 배경, 문화적 차이, 협동조합 운동의 역량 등에 따라 의료 협동조합의 유형이나 발전 정도에 차이를 보이고 있다. 의료 관련 협동조합은 공급자인 의사 등 의료 전문가들이 모여 구성한 협동조합, 소비자인 주민이나 환자들이 모여서 구성한 협동조합이 대표적으로 의료 서비스를 제공하는 협동조합들이다.

공급자 협동조합으로는 브라질의 유니메드와 스페인의 에스프리우재단이 선두에 있고 소비자 협동조합은 일본과 한국의 의료 협동조합들이 손에 꼽을 만하다. 독일의 노웨다나 터키의 경우처럼 약사나 약국들이 모여서 협동조합을 구성하기도 하고, 의료보장 체계가 부실한 미국의 경우 의료 재정의 조달을 위해 의료보험 협동조합이 중요한 역할을 담당하기도 한다.

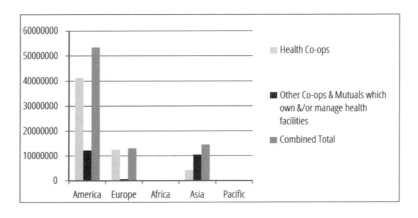

[그림 4] 의료 시설을 소유 또는 운영하고 있는 의료 협동조합, 다른 협동조합과 공제조합 이용자 수

중요한
협동조합 사례들

• 브라질의 유니메드는 세계에서 가장 큰 의료 협동조합이다. 현재 354개의 의사협동조합이 참여하고 있는데 11만 명의 의사가 여기에 연계되어 있다. 1,900만 명의 사람들에게 의료 서비스를 제공하고 있다.

• 스페인의 에스프리우재단은 의사들, 소비자 협동조합, 보험회사 등 의료 제공과 보험 분야의 다양한 관계자가 참여하고 있다. 이 협동조합에는 의료 전문가 17,835명을 포함하여 모두 179,437명이 조합원으로 있다. 14개 병원, 13개 치과 진료소, 48개 메디컬 센터, 110개 메디컬 오피스를 통해서 약 200만 명에게 의료 서비스를 제공하고 있다. 그리고 정부와 협력하여 3개의 병원을 운영하고 있다.

• 사이타마의료생협은 도쿄 인근 사이타마 현에 위치해 있다. 이 협동조합은 일본의료복지생활협동조합연합회의 멤버이기도 하다. 주민 288만 명이 거주하는 이 지역은 일본에서 고령화가 가장 빠른 지역으로 알려져 있는데 인구 대비 의사 수는 가장 적다. 2013년 이 협동조합의 조합원은 242,098명이고 직원은 2,072명이다. 4개의 병원과 8개의 진료소, 2개의 치과 진료소, 19개의 홈 케어 지원 센터 등 33개의 의료 시설을 보유하고 있다. 이들 병원 중 하나인 사이타마 협동조합 병원은 1978년에 설립되었다.

• 1969년 콜롬비아에서 설립된 COPIDROGAS[5]는 5,200개의

---

5. Cooperativa Nacional de Droguistas Detallistas

약국에 3,900 멤버가 참여하고 있다. 전국적으로 32개 지역 중 31개 지역을 커버하고 있으며 2012년 기준 연매출이 7억 77백만 달러로 콜롬비아에서 두 번째로 큰 협동조합이다.

- 노웨다는 75년 된 소매 약국 협동조합이다. 독일에 16개 사무소가 있고 룩셈부르크에도 하나가 있으며 8,600개의 약국이 참여하고 있다. 독일에서 150대 기업에 들어가며 연 매출이 62억 달러에 근접한다.
- 스위스에서 협동조합 소매 그룹 스위스쿱Coop Suisse의 회원이기도 한 비탈리Vitaly는 55개의 약국을 소유하고 있다. 이차 수준 협동조합인 OFAC는 스위스 약국 4개 중 거의 3개에서 행정과 재정 서비스를 제공하고 있다.
- 터키의 전국약사협동조합연맹TEKB은 5개 도매 약국 협동조합의 그룹으로 전국적으로 13,000개의 약국에 의약품을 공급하고 있다.

4장 대륙별 의료 협동조합의 특징

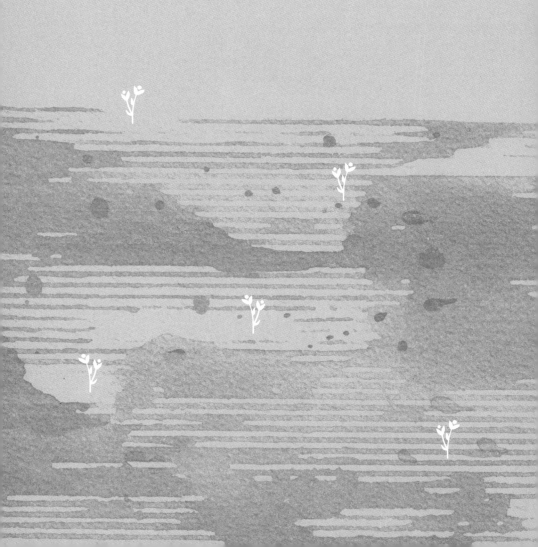

앞서 전 세계 의료 관련 협동조합의 현황에 대해 개괄적으로 설명하였다. 4장에서는 각 나라별로 의료와 사회적 케어 협동조합 그리고 일부 공제조합의 활동에 대해 설명하려고 한다. 지라드의 연구 보고서를 중심으로 해서 관련 논문, 언론 보도 자료, 관련 기관 홈페이지 등 자료들을 수집하여 재구성하였다. 전 세계 의료 관련 협동조합의 상황을 전부 알 수도 없는 노릇이고 이들 협동조합의 활동을 전부 기록할 수도 없어 나라별 현황과 특징 그리고 대표적 협동조합들 중심으로 간략하게 설명하였다.

유럽의
의료 협동조합

유럽의 협동조합 운동은 지금도 활발하게 이루어지고 있다. 1960~80년대 소비자 협동조합이 프랑스와 독일에서 사실상 붕괴하고 영국의 경우도 축소되는 위기를 겪게 되는 반면 북유럽 국가들 그리고 이탈리아, 스위스 등의 경우는 어느 정도 유지되면서 발전해 왔다.

나라마다 차이는 있으나 의료 분야 협동조합의 활동은 비교적 활발하게 이루어지고 있으며 최근에 들어서는 협동조합의 사회적 책임성과 연대성을 강조하는 사회적 협동조합의 활동들이 두드러지고 있다. 스페인, 포르투갈, 이탈리아 등 라틴 계열 유럽 국가에서 의료 관련 협동조합들의 활동이 활발하며 유럽의 전통 강국인 영국이나 프랑스, 독일의 경우는 오히려 이 분야 협동조합의 활동이 미약한 편이다. 프랑스는 협동조합보다는 공제조합의 활동이 더 활발하여 나중에 아프리카의 공제조합 활동에도 크게 영향을 미치게 된다.

아이러니하게도 협동조합 운동의 고향인 영국에서는 현재 협동조합의 활동이 다른 유럽 국가에 비해 그리 활발한 편이 아니다. 2차 세계대전 이후 협동조합들은 재정비의 기간을 맞게 되는데 주택이나 사회적 보호와 같은 서비스를 국가가 담당하게 되면서 협동조합의 역할은 상대적으로 축소되었다. 현존하는 영국의 노동자 협동조합들 중 19세기와 20세기 초반에 설립된 경우는 소수에 지나지 않으며 거의 대부분 1970년 이후에 설립된 경우들이다. 현재 약 500개의 협동조합이 운영되고 있으며 연간 매출액은 105억 유로에 이른다.[1]

영국에서 의료와 사회적 케어 분야 협동조합이 등장한 것은 20

---

1. Marina Monaco, Gianluca Pastorelli, 「노동조합과 협동조합 : 이탈리아, 스페인, 프랑스의 사회적 대화와 노사관계」, 「국제노동브리프」, 2014년 8월호.

세기 후반 들어서이다. 1980~90년대 되어서 처음 나타난 의료 분야 협동조합들은 주로 생산자 협동조합이었다. 이들은 의료 서비스 개혁과 일차의들GP²의 요구에 부응하여 나타나기 시작한다. 일차의들은 국가 의료 서비스NHS와 계약하여 주민들에게 일차 의료를 제공하는데 1995년 전까지는 24시간 내내 서비스를 제공해야 했다. 1990년대 후반에는 당직 일차의out-of-hours(OOH) GP협동조합이 의사들 사이에서 유행하는 조직 방식이 되어 전국적으로 300여 개의 협동조합이 생겨났고 2000년대 초반이 되면 3만 명 정도의 의사가 조합원으로 참여한다. 그러나 2004년 개혁에 의해 당직 서비스는 의사가 아닌 지역 단위로 임명된 일차의료트러스트primary care trust에 의해 운영되도록 함으로써 의사 협동조합은 퇴조의 길을 걷게 되는데 나중에 대부분 해산하거나 축소된다. 일부 협동조합들은 그대로 남아 있거나 결합하여 더 큰 협동조합을 결성하기도 하고 서비스 공급 범위를 확대하기도 한다.

　현재 영국에는 20개의 의료 협동조합이 있는데 대부분 사회적 기업이거나 비영리 기관들이다. 이 중에서 11개는 생산자 협동조합이며 나머지 9개는 다중 이해 관계자 협동조합이다. 협동조합들은 당직 서비스, 응급 의료, 일차 의료, 소수술, 치과 진료, 예방 일차 의료(백신, 산전 진찰, 체중 조절, 금연 등)를 제공한다. 9개의 협동조합은 의료 서비스와 동시에 당직 서비스를 제공한다. 현재 187,000~1,500,000명에게 서비스를 제공하고 있다.

---

2. General practitioners

윌로우뱅크Willow Bank는 2006년에 설립되어 노숙인이나 약물 중독자처럼 다른 일반인처럼 진료를 받기 어려운 취약 계층에게 일차 의료를 제공하고 있다. 2006년 2,500명이 서비스 혜택을 받았는데 점차 더 확대되어 2014년에는 9,000명의 환자에게 서비스를 제공하였다. 이익이 남으면 재투자하거나 지역 사회에 혜택을 주도록 하고 있는데 이 점이 영리 모델로 운영되고 있는 다른 일차 의료 조직들과 다른 점이다. 일차의를 포함하여 여기 직원들은 모두 월급을 받고 있다.[3]

1990년대 초반부터 영국에서는 사회적 케어 서비스가 대규모 시설에서 지역사회 기반 서비스로 바뀌고 있다. 1990년 통과된 커뮤니티케어법Community Care Act에 따라 지방정부가 지역의 사회적 케어 요구도를 평가하고 서비스를 공급할 책임을 지게 되었다. 영국에는 현재 26개의 사회적 케어 협동조합이 있으며 이 중에서 절반 정도가 공급자 협동조합, 나머지는 다중 이해 관계자 협동조합이다. 이들 협동조합의 대부분은 노인이나 장애인들에 대해 가사 서비스, 건강 관련 지원, 집안 일 도움, 쇼핑 등의 서비스를 제공하고 있다. 요양원을 운영하는 곳도 있고 침술과 같은 대안 치료를 제공하는 곳도 있다. 조합원 수는 10명도 안 되는 규모에서부터 800명 가까이 되는 규모까지 다양하다.

영국에는 약국 협동조합이 4개 있는데 모두 소비자 협동조합으

---

3. Jean-Pierre Girard. "Better Health & Social Care. How are Co-ops & Mutuals Boosting Innovation & Access Worldwide?", An international survey of co-ops and mutuals at work in the health and social care sector(CMHSC14), 2014. (이후 '지라드 보고서', (CMHSC14). 2014.로 표기함.)

로 가장 작은 협동조합이 8개의 약국을, 가장 큰 협동조합은 750개의 약국을 운영하고 있다. 전체 851개 이상의 약국이 이들 협동조합 네트워크에 참여하고 있다. 가장 큰 약국 협동조합인 협동조합 그룹Cooperative Group은 영국 체인 약국 중 3위에 해당하는 코퍼러티브파마시Cooperative Pharmacy[4]를 운영하고 있는데 최근 재정적 어려움으로 이 약국들을 팔고 있다.

프랑스의 경우 공제조합Mutuelle, 협동조합 Coopérative, 협회 Association 그리고 각종 재단fondation을 포함하여 '사회연대 경제'라고 일컫는다. 사회연대 경제는 네 가지 근본 가치를 공유하고 있다. 첫째 이윤보다는 구성원이나 공동체를 위한 서비스에 목적을 두고, 둘째 1인 1표제에 기반한 민주적 운영 원리를 채택하고 있으며, 셋째 개인적 영리 추구를 지양하고, 넷째 권력으로부터의 독립성을 지닌다. 이 원칙은 1980년에 채택되어 사회적 경제 헌장Chartede l'économie sociale에 기입되었다. 고용 인구를 기준으로 보면 협회 형태가 가장 큰 비중을 차지하며(79%), 다음 협동조합(13%), 공제조합(5%), 재단(3%)순으로 이어진다.[5]

프랑스에서는 2012년 현재 모든 산업 부문에 걸쳐 21,000개 이상의 협동조합 기업이 운영되고 있으며 협동조합에서 거의 1백만 명을 고용하고 있다.[6] 현재 협동조합을 다섯 가지로 분류하고 있는

---

4. 영국 체인 약국 중 3위
5. 김상배, 「프랑스 사회연대경제의 고용 현황」, 『국제노동브리프』 2012년 12월호.
6. Marina Monaco, Gianluca Pastorelli, 「노동조합과 협동조합 : 이탈리아, 스페인, 프랑스의 사회적 대화와 노사관계」, 『국제노동브리프』 2014년 8월호.

데 비즈니스 협동조합, 소비자 협동조합, 노동자 협동조합, 생산자 협동조합, 다중 이해 관계자 협동조합, 협동조합 은행 등이다. 반면에 의료 협동조합은 별로 발달해 있지는 않다.

다중 이해 관계자 협동조합은 프랑스에서 2001년 처음 도입된 공익 협동조합SCIC[7]으로 프랑스 협동조합 운동에서 획기적인 일이다. 수혜자, 직원, 투자자, 정부기관 등 관계자 모두를 하나의 기업으로 통합함으로써 가능해졌다. 이런 유형의 협동조합은 의료와 사회복지 분야에 더 적합해 보인다. 이에 대한 관심이 점점 더 증가하고 있다. 현재 프랑스에서는 보건 의료 시스템에서 환자들의 참여와 의사 결정 과정에서의 대표성을 증대시키기 위한 '헬스 데모크라시'의 수단으로서 공익 협동조합의 가능성에 대한 토론이 진행되고 있다. 2060년이 되면 프랑스에서는 부양 노인 인구가 180만에서 260만 명까지 증가하게 된다. 이러한 인구학적 변화는 공익 협동조합이 확대될 토양으로 작용할 것이다.

알콜중독자행동해방센터CALME[8]는 프랑스에서 협동조합이 운영하는 유일한 클리닉이다. 1981년에 설립된 이 협동조합은 알콜중독과 같은 중독 환자들을 치료하고 있는데 의사, 심리학자, 간호사, 직원, 요리사 등 30명이 넘는 사람들의 헌신으로 30년 넘게 유지해 오고 있다. 센터는 시설 치료에 기반하여 금주 프로그램과 치료 활동을 인도주의적 방식으로 결합한 독창적인 알콜 치료 방식을 개발하여 적용하고 있다. 여기서 1981년 설립 이래로 17,000명 이

---

7. Sociétés Coopérative d'Intérêt Collectif/Co-operative Companies of Collective Interest
8. Centre d'Action et de Libération des Malades Ethyliques(Centre for Action and Liberation of Ethanol Sufferers)

프랑스 알콜중독자행동해방센터의 모습. ©calme.fr

상이 치료를 받았다.

앰뷸런스 분야에서 7개의 노동자 협동조합이 활동하고 있고 텔레헬스telehealth에서 2개의 다중 이해 관계자 협동조합이 있다. 요양이나 홈 케어를 포함하는 사회적 케어 분야에서 11개의 협동조합이 활동하고 있다.

2014년에 공익 협동조합으로 전환한 Equiphoria는 현재 프랑스에서 의료와 사회적 케어 분야에서 두 번째로 큰 공익협동조합이다. Equiphoria는 장애인을 위한 독특한 치료 프로젝트를 개발하기도 하였다.

프랑스의 경우 의료 분야에서 협동조합보다는 공제조합의 활동이 인상적인데 이들은 주로 헬스플랜 영역에서 활동하고 있다. 의료보험 제도를 기반으로 하고 있는 프랑스에서 공보험이 전체 국민 의료비의 78% 정도를 담당하고 민간 보험이 13.5%를 담당하며 국민의 95%가 민간 보험에 가입해 있다. 민간 보험을 운영하는 기관이 전체 605개인데 이 중에서 공제조합 등 비영리기관 보험사가 509개(84%)이고 공제조합은 전체의 70%를 차지한다. 민간보험 가입자의 70%가 비영리 민간 보험에 가입해 있다. 공제조합들이 모인 공제조합연맹은 가입자를 위해 파리에 500병상 규모의 몽수리 병원을 운영하고 있다. 공제조합에 가입한 환자들은 1인실이 아니면 거의 무료로 입원 치료가 가능하다고 한다.[9]

독일에서는 1차 대전 이후 협동조합이 크게 성장하였으나 나치 정부 아래에서 협동조합 운동은 크게 위축되었다. 2차 대전 후에 신용 협동조합을 중심으로 조직력을 회복해 가고 있으나 활발한 편은 아니다. 이탈리아의 경우 무솔리니에 의해 파괴되었던 협동조합들이 전후에 급속하게 회복되는 것과 대비된다. 독일에서 사회적 경제 종사자는 많은 편이지만 현재 협동조합의 비중은 높지 않고 대신에 상대적으로 재단의 비중이 높은 게 특징적이다.

독일에서 보건 의료 분야에 대해서는 엄격하게 규제하기 때문에 협동조합도 크게 발달하지 못했다. 일차 의료 수준에서 의료 서비스를 제공하는 의료 협동조합이 하나 있고 이차 수준에서 의료 기관 네트워크로 기능하는 협동조합, 병원들의 공동 구매를 맡아서 하는 협동조합 등이 있다.[10]

---

9. 김양중, 「환자 만들어내는 실손보험(하)」, 『한겨레신문』 2016.6.18.
10. '지라드 보고서', (CMHSC14), 2014.

독일에서 가장 유명한 의료 관련 협동조합은 노웨다NOWEDA 협동조합이다. 노웨다는 소매 약국들의 협동조합으로 75년의 역사를 가지고 있다. 독일에 16개, 룩셈부르크에 1개의 사무소를 가지고 있으며 8,600개의 약국이 협동조합에 참여하고 있다. 연간 매출은 60억 달러로 독일에서 150대 기업 중 하나이다.

스페인의 협동조합 운동은 몬드라곤협동조합[11]으로 세계에 널리 알려져 있으며 의료 분야에서도 협동조합 운동이 활발하다. 스페인의 국가 의료 시스템은 보편적 커버리지를 보장하고 있는데 세금으로 운영하고 있고 주로 공공 분야에서 적용되고 있다. 65세 이하의 경우는 처방되는 의약품의 경우 40% 정도를 본인이 부담하게 되며 다른 의료비는 무료이다.[12]

스페인 의료 협동조합 운동에서 빼 놓을 수 없는 사람이 호셉 에스프리우Josep Espriu이다. 1914년 산타 콜롬마Santa Coloma에서 태어난 그는 1942년 바르셀로나 의과대학을 졸업하고 처음에는 바르셀로나 그라시아 지역에서 가정 생활을 시작했다. 개업의로 일하면서 동시에 공적인 사회 보장Social Security 체계에서도 일하였으나 이내 포기하였다. 제대로 된 진료가 어렵다고 느낀 그는 다른 방식을 모색하기 시작한다. 1950년대 중반 빌바오Bilbao에서 의사가 소유자이자 전문가로 일하면서 시행한 의료 활동에 따라 지불이 이루어지는 진료 모델을 경험하고 여기서 영감을 얻게 된다.

11. 금융과 소매업에서 두드러진 활동을 펼치고 있는데 현재 자본 규모로는 유럽에서 181위, 스페인에서 5위에 해당하는 기업이다.
12. '지라드 보고서', (CMHSC14), 2014.

이렇게 시작된 에스프리우재단 협동조합 네크워크는 세계적으로 알려져 있고 규모도 크다. 2013년 연간 매출이 20억 달러로 세계 4위에 해당한다. 에스프리우재단은 두 가지 유형의 의료 협동조합으로 구성되고 있는데 첫 번째 유형은 통합적 의료 협동조합이라고 불린다. 1974년 설립된 바르셀로나 지역의 한 소비자 협동조합[13]은 337병상 규모의 병원을 하나 소유하고 있으며 조합원이 17만 명에 이른다. 같은 지역, 5천 명 이상의 의료 전문가가 소속된 노동자 협동조합[14]은 의료 시설을 운영하고 의료보험 회사[15]도 소유하고 있으며 20만 이상의 계약자에게 서비스를 제공한다. 다른 협동조합은 2만 명의 의사가 참여하고 있는데 보험회사를 소유하고 있으며 전국적으로 활동하고 있다. 이 협동조합은 스페인에서 민간 부분에서는 가장 큰 의료시설 네트워크를 소유하고 있다.

두 번째 유형은 에스프리우재단이다. 이는 위에서 설명한 세 개 협동조합에 의해 1989년 설립되었다. 여기에 소속된 의료 전문가는 17,835명이고 조합원은 모두 179,437명에 이른다. 이들은 14개 병원, 13개 치과 진료소, 48개 메디컬 센터, 110개의 메디컬 오피스를 통해 대략 200만 명에게 서비스를 제공한다. 그들은 또 정부와 협력하여 병원을 운영하기도 한다.[16] 이 재단의 역할은 위의 통합적 의료 협동조합을 지원하는 것이다. 예를 들면 재단은 협동조합과 의료에 대한 연구를 수행하며 세미나, 컨퍼런스, 출판 등의 일도 수

13. Instalaciones Asistenciales Sanitaruas(SCIAS)
14. Autogestió Sanitària
15. Assistència Sanitaría S.A.
16. '지라드 보고서', (CMHSC14), 2014.

호셉 에스프리우 ©fundacionespriu.coop

행하고 있고 도서관도 소유하고 있다.[17]

에스프리우재단에 소속되지 않은 의료 협동조합들도 활발하게 활동하고 있다. 환자들에게 가장 좋은 의료 서비스를 제공하기 위해서는 팀으로 활동해야 된다는 믿음을 갖고 있던 갈리시아[18] 지역에서 활동하던 의료 전문가들이 1985년 갈리시아사니타리아협동조합COSAGA[19]을 설립한다. 이 협동조합은 '팀 의료'라는 가치를 지향하면서 환자, 가족, 의료 전문가의 요구, 정직, 통합, 존경 등에 초점을 맞추고 인간적인 접근을 시도한다. 그들은 서비스 공급을 개선하기 위해 수익을 재투자하는 한편 참여와 혁신을 통해 효율성을 높이기 위해 시도하고 있다. 12 명의 조합원과 120명의 직원이 있으며 4개의 클리닉에서 외래, 입원 수술, 내과 중환자실 그리고 응급 의료 서비스를 제공하고 있다.

이용자들의 대부분은 갈리시아 공적 기금 의료 시스템인 SERGAS[20]에 의해 혜택을 보는 사람들이다. COSAGA는 오렌세Ourense 지역

17. Catherine Leviten-Reid, "The role of co-operatives in health care, National and international perspectives", An international conference Saskatoon, Saskatchewan 30, Octerber 2008.
18. 스페인 북서부의 대서양에 연한 지역
19. Cooperativa Sanitaria de Galicia
20. The publicly-funded health care system of Galicia

에서 가장 좋은 병원의 하나로 여겨지며 유럽질관리재단[21]으로부터 300+ level Seal of Excellence를 공인받은 갈리시아의 첫 번째 병원이다.

CES Clinicas는 생산자 협동조합으로서 1980년 치과 의사들에 의해 설립되었다. 이 협동조합은 다양한 치과 서비스를 제공하고 있으며 최근에는 여성들을 위해 부인과 진료를 제공하기 시작했다. 현재 5개 클리닉에서 80명 가까운 의사가 80,000명 이상의 환자에게 서비스를 제공하고 있다. 스페인에는 Farmaceutica Espanola라는 약국 협동조합도 활동하고 있다.

최근에 마드리드의 자치 지역에서 의료 시스템의 민영화 논란이 벌어졌는데 카탈루냐 경험에 기초하여 클리닉의 10%를 의료 협동조합으로 전환하자는 제안이 있었다. 그러나 2014년 4월 정부가 민영화 결정을 번복하여 이 제안은 실행되지 못한다.

포르투갈에서는 협동조합 규정 4조에 협동조합 활동 분야 12개가 규정되어 있다. 보건 의료 분야는 공식적으로 여기에 해당되지 않기 때문에 의료 협동조합 자체는 인정을 받지 못하며 주로 다목적 협동조합들이 이 분야에서 활동하고 있다. 그런데 이에 대한 불만들이 많아 개정을 검토하고 있다고 한다. 반면에 의료 제공자나 소비자들이 협동조합 형태의 기업을 만들 수는 있다. 독립적인 약국들이나 장애인, 어린이, 노인 등 취약 계층을 위한 사회연대 협동

---

21. European Foundation for Quality Management

조합들이 소유하는 이차 협동조합을 통해 공동 구매나 의약품 마케팅과 같은 사업을 수행할 수는 있다. 포르투갈의 2,260개 협동조합 중에서 1.7%인 38개 정도가 의료와 웰빙 관련 분야에서 활동하고 있다고 한다.

포르투갈에서 사회적 협동조합에 해당하는 것이 사회연대 협동조합social solidarity cooperative이다. 이 중에서 대표적인 것이 장애어린이특수재활센터CERCIs[22]인데 장애 어린이와 가족들을 위해 재활 서비스를 제공하는 협동조합들이다. CERCIs는 지적 장애인의 문제에 관심을 가진 부모와 케어 제공자들이 주도하여 1970년대 후반 설립하기 시작한다. CERCIs의 활동 덕분에 1998년 협동조합 규정 개정 당시 사회연대 협동조합의 유형을 인정받게 되었다. 이전에는 교육 분야 협동조합으로 분류되었으나 이제는 이들에게 고용 기회를 제공하는 협동조합도 사회연대 협동조합으로 승인받게 되었다.

사회연대 협동조합은 2010년에 250개 정도가 활동하고 있는데 이 중 209개가 CERCIs이다. CERCIs는 53개 협동조합이 모여 사회연대협동조합전국연맹Fenacerci[23]을 결성한다. Fenacerci는 전체 개인 조합원 수는 22,000명에 이르며 53개 CERCIs는 2,700명을 고용하고 있다.[24] 209개의 CERCIs 협동조합들 중 150개는 정부에 의해 민간사회연대기관Private Social Solidarity Institutions으로 인증 받았다. 정부로부터 요청받아서 정부에 의해 자격이 부여되는 '인증'을 받

---

22. Special Rehabilitation Centres for Children with Disabilities (Centros Especiais de Reabilitação de Crianças Inadaptadas)
23. National Federation of Social Solidarity Cooperatives (Federação Nacional de Cooperativas de Solidariedade Social,
24. '지라드 보고서', (CMHSC14), 2014.

으면 보고와 규제를 잘 따르는 조건으로 세금 혜택과 재정 지원이 이루어진다.

이탈리아의 협동조합 전통은 19세기부터 시작되는데 주로 노동자 협동조합과 주택 협동조합이 활발했다. 현재 이탈리아의 등록 협동조합 수는 12만 개가 넘는데 건설, 농업, 사업 서비스, 운송 등에 집중되어 있다.

이탈리아에서 1960년대부터 새로운 유형의 협동조합인 사회적 협동조합이 등장하는데 시회복지 제도가 위기를 맞던 1980년대와 1991년 법제화에 따라 그 수가 크게 늘어난다. 1985년 650개에서 1990년 1,800개, 2001년 5,674개, 2013년에는 1만 3,941개로 크게 증가하였다. 이탈리아 전체 기업 수 439만 513개의 0.3%를 차지하고 있다. 고용자 수로는 전체 1,642만 6,791명 중 2.1%인 35만 2,227명이 사회적 협동조합에 고용되어 있다.[25] 이탈리아 사회적 협동조합 현상은 이탈리아 북부 지방에서 시작되었다. 실제 사회적 협동조합의 42%가 북부에 위치하고 있고 19%가 중부, 39%가 남부 및 섬 지역에 위치하고 있다. 최근 그 성장 속도가 남부에서 더 빠르게 나타나고, 북부에서는 통합에 중점을 두고 있다.

사회적 협동조합의 폭발적 성장은 1991년에 사회적 협동조합법이 제정되면서부터이다. 이 법은 1981년부터 논의가 시작되어 10년 동안 지지자와 반대하는 그룹 사이 치열한 논쟁 끝에 완성된 법

---

25. 임지은, 「이탈리아의 사회적협동조합 현황과 사례」, 『세계농업』 제184호, 2015.12.

안이다. 법 제정 시 가장 강조된 부분은 바로 사회적 협동조합은 "지역의 광범위한 이득과 시민들의 사회 통합을 위해" 활동을 한다는 문구였다. 이러한 문구는 바로 사회적 협동조합이 조합원만을 위한 조직이 아니라 지역을 위해 존재하고, 사회적 약자를 포함한 모든 사회 구성원들의 통합을 위해 존재한다는 것을 강조한다. 이러한 법적 기반에 근거하여 중앙 및 지방 정부들은 사회적 협동조합을 위한 다양한 지원을 실시하고 있다.[26]

1991년 제정된 법률 381호는 사회적 협동조합에 대해 규정하고 있는데 사회적 협동조합이 지역 사회의 일반적인 이해에 도움이 되면 단순한 자원봉사자도 협동조합의 조합원이 될 수 있다는 사실, 그리고 공공 기관과 협동조합 사이 긴밀한 관계성 등에 대해 공식적으로 인정하고 있다. 사회적 협동조합은 법률에 의해 두 가지 유형으로 구분하고 있는데 A형은 주로 사회적 약자들을 대상으로 돌봄, 보건, 교육, 레크리에이션 등의 서비스를 제공하는데 쉼터, 돌봄 센터, 지역공동체 시설 등을 운영하고 재가 방문 서비스도 제공한다. B형은 장애인이나 어려운 처지의 사람들에게 일자리를 제공하는 것을 목적으로 하고 있다. 사회적 협동조합의 지배 구조를 보면 자원봉사자들이 사회적 협동조합의 정식 멤버가 될 수 있다고 법률에서는 규정하고 있지만 50%까지만 허용되고 있다. 그 결과 사회적 협동조합의 소유 구조는 여러 타입의 멤버들로 구성되게 된다.

2013년 이탈리아에서 넓은 의미의 보건 의료 분야에서 활동하

---

26. 사회적경제센터, 「사회적협동조합의 잠재력을 촉발하라」, 「사회적경제리포트」 제60호, 2012.

는 협동조합의 수는 11,830개이다. 이 가운데 엄격한 의미에서 의료 서비스 분야 협동조합은 945(8%)개 정도이며 5만 명의 조합원, 28,124명의 직원, 865,000명의 소비자가 있다. 945개를 제외한 나머지 협동조합 중 10,836개 협동조합(91.6%)은 사회 분야에서 활동하며 대부분 사회적 협동조합이고 0.4%인 49개 협동조합이 의약품 관련 협동조합이다. 사회적 협동조합들이 제공하는 서비스는 재택 서비스, 의료시설이나 복지시설에서의 입원 서비스, 병원 서비스, 외래 서비스, 응급의료 서비스, 치료 및 재활 서비스, 예방 사업, 교육 훈련 서비스 등 다양하다.27 이탈리아에서 의료와 사회적 케어 협동조합은 7백만 명의 사람들에게 서비스를 제공하고 있다.

이탈리아의 일차 의료는 통합되지 않고 파편화되어 있다. 일차 의료 의사나 병원, 행정 기관 사이에서도 연계성이 부족하다. 이와 같은 취약성을 극복하기 위해 라찌오 지역에서 혁신적인 개원의들 협동조합, 800명 이상의 약사들이 참여하는 협동조합, 의료 분야에서 활동하는 사회적 협동조합들, 진단 검사실 협동조합, 홈 케어 분야에서 활동하는 사회적 협동조합 등이 모여 일차의료컨소시엄 CAP28을 구성하여 활동하고 있으며 이 모델이 전국적으로 확산되어 다른 지역에서도 유사한 네트워크가 생겨나 이제는 전국적인 네트워크 구성을 고려하고 있다.29

FederazioneSanità는 일차의료 수행자들을 통합하고 전문가들 간의 경쟁을 피하기 위해 2010년에 설립되었다. 현재 의사 협동조

---

27. '지라드 보고서', (CMHSC14), 2014.
28. Consorzio perl'Assistenza Primaria(Consortium for Primary Care)
29. '지라드 보고서', (CMHSC14), 2014.

합, 약사 협동조합, 보건 의료에 특화된 협동조합, 관련 공제조합 등약 380개 협동조합이 모여 있다. 이 상위 협동조합의 핵심 활동은여러 전문가 집단이 참여하는 통합된 지역 네트워크 구성을 촉진하고 지원하는 것이다.[30]

의료 부문에서 협동조합은 의사들을 결집시키는 수단으로 인식되고 있다. 제약 부문에서는 협동조합이 약국 자체를 소유할 수가있다. 법률 183/2011에 따르면 전문가들 사이에서 회사를 설립하는 규제를 제거하기 때문에 보건 의료 분야에서 새로운 전문가 협동조합의 탄생 가능성이 생겨나고 있다.[31]

이탈리아에서 가장 큰 협동조합 중 하나인 논첼로협동조합은「위캔두댓」이라는 영화의 실제 모델로도 유명하다. 이 협동조합은1천여 명의 직원을 고용하고 있는데 20년 전 포르데노네 주의 정신보건 센터에 의해 설립되었다. 이 협동조합은 바살리아 법의 시행으로 정신병원이 문을 닫게 되자 병원을 떠날 처지가 된 환자 6명과 정신과 의사 3명이 설립을 주도한다. 논첼로는 장기 실업자, 정신 질환자, 약물 중독 경력자들에게 가전제품의 수거를 맡기고 그에 합당한 임금을 지급한다. 또한 노인과 어린이, 치매 환자들에게까지 전문 기술을 가르친다. 논첼로는 베네치아의 라 페니체 극장과 모스크바 크렘린 궁전 지하 수리 작업에 참여하기도 한다.[32]

1999년 12명의 청년들과 3개 조직이 모여 만든 이탈리아의 사

30. IHCO, "Co-operatives are the public sector's greatest allies in the field of health", 2016.5.26.(ihco.coop)
31. IHCO, 2016.5.26.(ihco.coop)
32. 안드케로강, 「사회적 경제」, 고삐 풀린 자본주의의 대안이 될 수 있을까, 「르몽드 디클로마티크」, 2009.7.3.

우리나라에 협동조합 영화로 소개된 이탈리아 영화 「위캔두댓」의 실제 모델이 된 이탈리아 사회적 협동조합. 논첼로협동조합 조합원들의 모습. 이 협동조합은 정신 장애인들의 일자리를 제공하고 있다. ⓒcoopnoncello.it

회적 협동조합 카멜롯Camelot은 이탈리아 정부 난민보호프로그램 SPRAR에 따라 멘토링, 이탈리아어 학습, 훈련 및 인턴십 서비스를 제공하고 있다. 이를 통해 2015년 한 해 동안 총 541명의 난민들을 지원하였다. 협동조합의 총 직원 수는 200명으로 이 중 20%가 이민자들이며, 10명의 난민도 이 분야에서 함께하고 있다. 2014년까지는 난민 중 취약 계층(고문 피해자, 장애인 등)이 스스로 협동조합을 설립할 수 있도록 지원하였으며, 총 12개 기업(이 중 협동조합은 10개)이 설립되었다고 한다.[33]

이탈리아 정부가 직접 제공하던 많은 사회 서비스들은 서비스 품질의 향상, 운영 비용의 효율화, 지역 내 일자리 창출이라는 세 가지 목표가 달성될 수 있다는 이유로 외부 용역 사업의 형태로 제공되고 있다. 이러한 흐름을 타고 사회적 협동조합은 이탈리아 정부의 세 가지 목표 달성에 큰 기여를 하고 있다. 또한 이탈리아 정부는 50명 이상을 고용한 사업장에서는 최소 7%의 직원을 취약 계

---

33. 아이쿱생협, 「협동조합과 난민·이민자들」, http://icoop.coop

층에서 고용해야 하고, 15명 이상을 고용한 사업장에선 최소 직원 한 명은 취약 계층에서 고용하도록 강제하고 있다.

이러한 법령을 지키지 못하는 사업장의 경우 다수의 취약 계층 직원을 고용하고 있는 사회적 협동조합이 제공하고 있는 사업에 계약을 맺는다. 위의 취약 계층 고용 법령을 준수하는 사회적 협동조합의 이용도 법령을 준수하는 것으로 해석해 주기 때문이다. 이러한 정부 지원 정책은 사회적 협동조합의 고객이 공공 기관보다 오히려 민간 기업이 다수를 이루는 결과를 낳고 있다.[34]

사회적 협동조합은 이탈리아의 복지 시스템을 개혁하는 데 결정적인 역할을 담당한다. 새로운 복지 시스템의 표준으로 수평적 보조성 원리(사회적 협동조합이 할 수 없는 것만 정부가 수행한다는 의미)를 명시적으로 채택한 법률 328/2000도 사회적 협동조합의 여러 경험이 있었기에 가능했다.[35] 최근에 이르러 이탈리아의 사회적 협동조합은 사회 정책, 노동시장 정책, 그리고 보다 전반적으로는 이탈리아 복지 시스템의 일부로 기능하고 있는 셈이다. 앞으로 사회적 협동조합과 그 대표가 지역사회 계획위원회에 참여하는 일도 더욱 늘게 될 것이다. 단순한 서비스 제공자가 아닌 정책 입안가로서의 활동이 늘어나게 되는 것이다.[36]

그리스에서는 사회적 케어와 약국 협동조합이 활발한 편이다. 1999년 정신보건 개혁 프로그램의 일환으로 그리스 정부는 정신질환자들을 위한 사회적 협동조합을 지원하기 위해 법률 토대를 마

34. 사회적경제센터, 「사회적 협동조합의 잠재력을 촉발하라」, 『사회적경제리포트』 제60호, 2012.
35. 스테파노 자마니 외, 『협동조합으로 기업하라』, 한국협동조합연구소, 북돋음, 2012.
36. Monica Loss. 「이탈리아의 사회적기업」, 『국제노동브리프』, 한국노동연구원.

련한다. KoiSPE[37]는 정신 질환자들과 전문가들, 후원자들이 동등하게 참여하는 혁신적인 협동조합 프로그램이다.

이들 협동조합의 목적은 중증 정신 질환자들의 사회 경제적 통합에 있다. 고용의 측면에서 볼 때 KoiSPE는 농업, 어업, 제조업, 관광, 서비스업 등 다양한 분야에서 상업적 활동을 할 수도 있다. KoiSPE는 독립적인 기업이면서 공식적인 정신 보건 단위로서 국가 의료 서비스의 인력이나 기술 지원을 받을 수 있다. 정신 보건 인력의 경우 풀타임이나 파트타임으로 KoiSPE에 근무할 수 있고 정신 보건 기관에서 KoiSPE로 이동할 수도 있다. 이 경우 월급은 KoiSPE이 아닌 기관에서 받게 된다. 또한 KoiSPE는 기관에 있는 시설이나 장비 등도 사용할 수 있다. 법인세도 면제받고 있다. KoiSPE는 조합원들이 소유하고 민주적으로 운영되며 보건부 정신 보건국의 감독을 받는다. 운영 방식도 일정한 틀이 정해져 있다.

2011년 2월에는 KoiSPE 연맹이 결성되었다. 현재 16개의 KoiSPE가 '인 비즈니스 투게더In Business Together'라는 공동 브랜드로 운영되고 있다. KoiSPE는 정신장애를 갖고 있는 사람들을 사회적 참여로 이끄는 새로운 방식으로 치료의 의미도 있으면서 기업의 역할도 수행하고 있다. 정신 질환자들의 직업 경력도 늘려 주며 삶의 질도 증대시켜 준다.

한 예로 크레타 섬 서부에 위치한 카니아Chania KoiSPE는 협동조합으로 정신 장애를 갖고 있는 사람들을 포함하는 새로운 방식을

---

37. Social Cooperative of Limited Liability

대표한다. 이 협동조합은 치료와 기업이라는 목적을 가지고 있다. 정신 질환으로 고통 받고 있는 사람들의 삶의 질을 증진하고 그들의 고용 기회를 개선하기 위한 목표를 가진다. 협동조합의 제품과 서비스는 질, 생태적 책임, 경쟁력 있는 가격 등이 특징이다. 129명의 조합원이 있으며 이 중 59명은 정신 질환을 가지고 있으며 46명은 정신 보건 전문가들, 23명은 개인 또는 카니아 행정 조직, 키사모스Kissamos, 수다Souda 등의 지방 자치 단체, 성조지Saint George's종합병원, 크레타 협동조합 은행 등의 후원 조직들이다.

그리스 의약품 도매 협동조합들이 1898년 모여서 공동의 플랫폼을 구성하였다. OSFE[38]는 처음에는 약사들의 협동조합으로 시작하였는데 2009년 전국적으로 45개의 배송 센터를 소유하고 대략 5,500곳의 약국에 의약품을 배송하고 있다. 1,500명의 직원을 고용하고 260대의 트럭을 소유하며 150개의 공장과 협력하고 있다. 2009년도 연간 매출은 34억 달러로 그리스 지역 의약품 시장의 50% 정도를 차지하고 있다.[39]

최근 시리아 난민을 포함한 많은 난민들이 아시아 지역과 가까운 그리스로 몰려들고 있는데 이들을 위한 다양한 서비스를 제공하는 협동조합도 있다.[40] 사회적 협동조합인 Wind of Renewal인 다른 세 단체들과 같이 welcommon[41]이라는 난민 지원 사업을 펼치고 있다. 이들은 난민들이 거주할 수 있는 시설을 마련하고 식량,

---

38. FEDERATION-FARMAKOPOION ELLADOS
39. '지라드 보고서', (CMHSC14), 2014.
40. 이주희, 「협동조합과 난민·이민자들」, iCOOP협동조합지원센터, 2016. 4.29.(icoop.coop)
41. Welcome in common

난민 거주지에서 생활하는 시리아 난민들의 모습 ©anemosananeosis.gr

의복, 의료 등 필요한 지원을 하며 나중에는 일자리 마련과 사회에 통합될 수 있는 방안들도 강구하고 있다.

벨기에에도 강력한 협동조합 운동이 존재한다. 2011년 26,000개 이상의 협동조합이 있으며 GDP의 5%를 차지하고 있다. 1991년 개혁 이래로 협동조합의 법적 형태는 다양해졌다. '사회적 목적을 갖는 회사SFS[42]'가 1995년부터 출현하기 시작하여 2001년에는 31개에 달했는데 이중 4분의 3 정도가 협동조합이다. Soignon'Sympa는 간호사 협동조합으로 돌봄과 재택 서비스를 제공하는 공급자 기반 협동조합이다. 약국 협동조합은 벨기에에서 중요한 부분 중 하나인데 전체 약국 매출 가운데 협동조합은 약 20% 정도를 차지한다고 한다. 의사나 치과 의사와 같은 전문가들의 협동조합도 많이 있다고 한다.

42. Companies with social purpose

[표 4] 벨기에 공제 의료 기구

이름	공제조합의 수 Regional mutuals	조합원 수
Alliance nationale des mutualités chrétiennes/ Landsbond der christelijke mutualiteiten	19	4,543,819
Union nationale des mutualités neutres/ Landsbond van de neutrale ziekenfondsen	7	497,925
Union nationale des mutualités socialistes/ Nationaal verbond van socialistische mutualiteiten*	11	3,111616
Union nationale des mutualités libérales/ Landsbond van liberale mutualiteiten	10	575,798
Union nationale des mutualités libres/ Landsbond van de onafhankelijke ziekenfondsen	6	2,105,028

* 이 중 하나의 공제조합인 Mutualité Socialiste du Brabant은 14개의 클리닉을 운영하고 있다.

벨기에의 경우 시cities나 기관들이 공공 서비스를 제공하기 위해 협동조합을 설립하기도 한다. 이들을 인터코뮤날intercommunal이라고 하는데 10개의 인터코뮤날이 의료와 사회적 케어 분야에서 활동하고 있다고 한다. 이 중 하나인 de Santé Publique du Pays de Charleroi는 공공병원 하나와 3개의 클리닉, 데이케어 센터, 요양원, 청소년 센터 각 하나씩을 운영하고 있다. 이 협동조합의 2013년 1년 매출은 5.5억 달러로 세계 의료 협동조합 중에서 6위에 해당된다. Centre d'Accueil "Les Heures Claires"는 노인과 장애인들을 대상으로 장기 요양 서비스와 재활 서비스 등을 제공하고 있다.[43]

43. '지라드 보고서', (CMHSC14), 2014.

벨기에에서는 민간 보험으로서 공제조합도 발달해 있는데 2차 대전 이후 전통적인 공제조합들이 공공 의료보험에 편입되었으나 지금도 국가 의료 시스템과 시민들 사이에서 중요한 역할을 수행하고 있다. 이들은 보충적 헬스플랜과 재택 서비스와 같은 사회적 서비스를 제공하고 있다. 현재는 양대 공제조합인 기독교 공제조합과 사회주의 공제조합을 포함하여 5개의 중요한 공제조합들이 활동하고 있다.[44] 이들은 6~19개의 지역 사무소를 운영하며 총 12,864명의 직원을 고용하고 1천 만 명 이상에 혜택을 제공하고 있다.

네덜란드에서는 금융 협동조합이 발달해 있는데 최대 은행 그룹인 라보방크는 '세계에서 가장 안전한 은행'의 하나로 꼽힌다. 이 은행은 115년 역사의 협동조합 은행이다. 1896년 고리채에 시달리던 농민들이 힘을 모아 설립한 은행으로 네덜란드 국민의 절반이 조합원이고 자산 규모로 세계 25위에 올라 있다.[45]

이처럼 오랫동안 협동조합 정신을 이어오고 있는 네덜란드이지만 직접 의료 서비스를 제공하는 협동조합은 한 군데도 없고 사회적 케어 협동조합도 두 군데가 있다. 반면에 의료보험 협동조합은 상당한 정도로 잘 조직되어 있으며 약품 분야에서는 두 개의 소규모 구매 협동조합이 있다.

사회적 케어 협동조합인 Zorgcoöperatie Noord는 장애인과 돌봄이 필요한 사람들을 위한 소규모 협동조합으로 1,200명 정도

44. 엄형식, 「벨기에에서 쓰는 다른 경제 이야기」 가톨릭과 사회주의, 『경향신문』 국제블로그(http://world.khan.kr) 2010.8.15.
45. 김현대, 「수익금 쌓아 서민 금고로… "위기 때 빛난 협동조합 은행"」, 『한겨레』 2011.7.4.

의 대상자를 커버하고 있다. Thuiszorg Dichtbij는 독립적으로 일하는 간호사와 직장인의 협동조합으로 24시간 가사 지원 서비스를 제공하고 있다. 아크메아Achmea는 생명 보험과 비생명 보험의 헬스플랜을 제공하는 공제조합으로 네덜란드 국민의 절반 가까이 가입해 있으며 다른 유럽 7개국과 호주에도 진출해 있다. 아크메아는 전체 8백만 명의 소비자가 있으며 네덜란드에서 17,000명, 해외에서 4,000명의 직원을 고용하고 있다.

스위스는 소비자 협동조합의 왕국과 같은 나라이다. 소비자 협동조합인 미그로Migros와 코푸스위스Coop Swiss는 식품 시장 점유율이 40%를 넘고 있다. 2009년 말 현재 코푸스위스 조합원은 252만 명, 직원 5만 3천 명 정도이다.[46] 이에 반해 의료 협동조합은 별로 발달해 있지 않다. 2개의 사회적 케어 협동조합, 4개의 약국 협동조합과 약국 관련 협동조합 하나 정도가 알려져 있다. CSI[47]는 간호사들에게 가사 서비스를 제공하는 협동조합이며 IDP Medical은 가사 서비스와 가정에서의 입원 서비스를 제공하는 협동조합이다.

폴란드에는 17개의 의사 협동조합이 있으나 활동은 미미한 편이다. 의약품 분야에서는 협동조합 약국이나 도매상은 없으며 협동조합 제약사가 6개 정도 있으며 이중에는 시장에서 상당한 비중을 차지하는 회사도 있다.

46. 차형석, 「협동조합 '선진 4개국'을 찾았다」, 「시사인」 2011.7.12.
47. Coopérative de Soins Infirmiers

스웨덴, 노르웨이, 핀란드, 덴마크 등 북유럽 4개국은 협동조합 활동이 활발한 나라들인데 특히 소비자 협동조합이 발달해 있다. 이들 나라에서 유통업 중 소비자 협동조합이 차지하는 비율이 20~40%이다. 스위스에 버금가는 수준을 보여주고 있다.

핀란드는 '전 세계에서 가장 협동조합적인 나라'라는 이름을 얻고 있다. 전체 인구 540만 명 중 400만 명이 협동조합의 조합원이며 공제조합 가입자까지 합하면 600만 명에 이른다. 핀란드는 국민 생산 중 협동조합이 차지하는 비중이 가장 많은 나라이다. 1950년대 유럽에서 가장 가난한 나라로 손꼽히던 핀란드가 지금 잘 살게 된 것은 협동조합 등 사회적 경제의 역할이 크다고 할 수 있다. 핀란드협동조합연합회인 펠레르보Pellervo는 1899년에 설립되었는데 협동조합을 널리 전파하고 설립을 지원하는 역할을 맡고 있다. 핀란드의 보편적 복지를 가능하게 한 것은 높은 세금이었지만 세계 경제 위기로 인해 이것이 어려워지면서 그간 공공(제1섹터)에서 책임졌던 역할들이 대거 제3섹터로 넘어오게 된다.[48]

1990년대 경제 위기 당시에 기존의 협동조합들도 어려움을 겪기도 했으나 이에 대응하여 새로운 유형의 협동조합들이 많이 생겨난다. 이 때 생겨난 협동조합들을 '뉴웨이브협동조합new wave cooperatives'이라고 부른다. 뉴웨이브협동조합 설립은 본격화된 경기 불황과 지식 사회로의 전환에 따른 경제 구조 조정으로 인해 유발된 실업 확대를 배경으로 한다. 실업자들이 처음으로 조합을 스

---

48. 송희정, 「사회적 경제6, '협동조합 천국' 핀란드를 가다」, 『구로타임즈』 2012.12.7.

스로 조직하여 소비자에게 서비스를 제공하기 위해 자신의 전문성을 모은 것이다. 이들은 민주적 성격과 협력적인 구조, 나아가 초기 자본이 필요하지 않다는 이유에서 협동조합 형태를 선택했다.[49]

1997년 설립된 '희망협동조합'이라는 뜻의 오수스꾼따또이보 Osuuskunta toivo는 당시 국가와 지자체가 운영하는 보건 복지 서비스 기관에서 일하던 심리 상담 치료사 등 8명의 전문가들이 초기 출자금을 내고 정신적 재활이 필요한 청소년 상담 치료와 취업 지원 협동조합을 결성하면서 시작된다. 오수스꾼따는 정신적 재활에 지향을 두고 특히 정신적 재활이 필요한 청년들이 이를 치료하고 직장을 얻을 수 있도록 돕는 프로젝트를 진행했다. 프로그램을 진행한 8~9년 동안 500~600여 명의 청년들이 이곳을 거쳐 갔는데 그 중 절반은 가시적 변화를 보였으며 10~20%는 완전히 다른 사람이 됐을 정도로 극적 변화를 보였다고 한다.[50]

한편으로 정신 질환자들 자신들의 재활과 고용 문제를 해결하기 위해 생산자 협동조합이 설립되기도 하였다. 그러나 다른 분야의 협동조합들에 비하면 덜 활성화되어 있는 편이다. 보건, 복지에 대한 수요가 늘고 2012년 '세계 협동조합의 해'를 맞아 핀란드 의료 시스템 구조 개혁에서 고려할 만한 해법의 하나로서 의료 협동조합의 역할에 대한 논의들이 활발하게 진행되고 있다. 2010년에 의료와 복지 분야에서 92개의 협동조합이 새로 설립되었다고 한다.

---

49. 이경수, 「펠레르보 연합 116년 역사, 핀란드 협동조합의 도전과 혁신」, 「세계농업」 제183호, 2015.
50. 노영수, 「핀란드 사회성장의 동력」, 「해남신문」 2013.1.18.

스웨덴은 1990년대 들어 신자유주의를 표방한 보수당이 집권하게 되고 1995년에는 유럽 연합에 가입하면서 협약에 따라 국가가 전담해 왔던 사회 복지 서비스를 시장에 개방하게 되며 공공 서비스 부문에서 영리와 비영리 단체 간에도 경쟁을 하게 된다. 1990년대 들어 실업률이 10%대로 증가하고 고령화로 인해 노인들의 복지 문제도 확대된다.

스웨덴의 협동조합과 사회적 기업은 국가가 미처 해결하지 못한 지역 사회의 문제를 해결하고 시민들의 다양한 요구를 스스로 충족해 나가기 위해 1990년대 초반 급속히 생겨났다. 스웨덴은 3명 이상만 모이면 협동조합 설립이 가능하다고 한다. 지역 사회 복지의 대안으로 협동조합이 제시되면서 많은 사람들이 협동조합에 관심을 갖게 돼 이들 협동조합의 설립과 운영 등을 지원하는 전문 조직의 필요성이 제기된다.

새로운 협동조합 설립을 컨설팅하고 지역사회 문제에 대해 함께 해결하고자 노력하는 꼼빠니온coompanion의 역할이 커지고 있다.[51] 스웨덴 협동조합은 최근 10년간 60% 성장했다고 한다. 같은 기간 영리 기업은 43% 성장했고 사회적 기업은 지난 2008년 150여 곳에서 2012년에는 300여 곳으로 2배 성장했다.[52] 스웨덴에서는 그동안 공공 분야의 교육, 보건, 복지 서비스들이 협동조합의 성장과

---

51. 스웨덴의 수도인 스톡홀름 내 100여 개 협동조합으로 구성된 꼼빠니온 스톡홀름의 가장 기본적인 역할은 시민들이 어떤 협동조합을 만들고 싶어 하는가를 듣고 컨설팅을 해주는 것이다. 꼼빠니온 스톡홀름은 50%는 정부 지원을 받고 50%는 자체 수입으로 협동조합을 운영하고 있으며 정부의 지원을 받음에 따라 컨설팅은 무료로 해주고 있다.(노영수, 「복지국가 스웨덴의 한계 협동조합 역할 기대」, 「해남신문」 2013.1.4.)
52. 노영수, 「복지국가 스웨덴의 한계 협동조합 역할 기대」, 2013.

더불어 점차 이들 조직으로 이관하는 현상이 생기고 있다.

1994년에 설립된 바스타Basta협동조합은 약물 치료와 재활 치료 등을 겸한 사회적 기업이다. 이 협동조합은 700여 명의 헤로인 중독자들이 모여 재정적으로 성공적인 협동조합을 운영하고 있는 이탈리아의 사례를 벤치마킹하여 스웨덴에 설립되었다. 100여 명이 일하고 있는데 90% 이상이 평균 20년 정도 마약 등 각종 약물 중독자로 지내던 사람들이다. 또 평균 5년 이상 수감 생활을 한 범죄 경력자들이다.

이들에게 새로운 삶을 제공하는 것이 바스타의 역할이다. 바스타는 사회 문제를 해결하는 교육 및 재활 프로그램 등을 만들어 정부와 자치 단체에 판매한다. 국고 지원을 받아 약물 중독자를 치료하는 것이 아니라 정부에 서비스 상품을 판매한다. 이를 통해 국가와 사회가 포기한 사람들에게 일자리를 제공해 주고 이윤을 만들어 내는 사회적 기업이다. 설립 이후 2년 간 적자를 냈을 뿐 나머지 16년 간 연속 흑자를 기록한 알짜 기업이다. 2011년 한해 총 매출은 600만 유로, 순이익은 40만 유로에 이른다.[53]

덴마크도 다른 북유럽 국가들처럼 협동조합이 발달해 있다. 의료의 경우는 국가 보장 시스템이 발달해 있어 이 분야에서 협동조합이 크게 발달해 있지는 않다. 일차 의료 분야에서는 협동조합 모델이 도입되어 적용되고 있다. 덴마크에서 1992년 당직 일차 의료

53. 정창영, 「'해외탐방' 스웨덴, 핀란드 사회적 경제 현장을 가다」, 『옥천신문』 2013.1.

시스템이 바뀌면서 이에 대응하기 위해 가족 주치의와 지역 의료보험자들에 의해 협동조합이 설립된다. 협동조합 모델이 도입되면서 전화 상담은 늘고 왕진은 줄어들어 의사들의 부담을 줄이는 효과가 있었다.[54]

노르웨이에서 협동조합이 가장 활발하게 활동하고 있는 분야는 농업, 수산업, 소비자, 주택 등 네 분야이다. 농업 분야는 축산, 판매, 구매, 신용, 보험 등의 사업을 수행하는 전국의 15개 협동조합으로 구성되어 있고 6만 명의 조합원에 직원이 1만 5천 명이 이른다. 자국 내 우유 생산량의 99%를 협동조합에서 생산한다. 수산업 분야는 6개의 판매 협동조합이 있는데 조합원이 1만 3천 명 정도이다. 소비자 협동조합은 238개가 있는데 이들인 1,300개의 매장을 운영하고 있다. 조합원이 90만 명이고 직원은 1만 8천 명 정도이다. 주택 협동조합은 노르웨이에서 가장 중요한 협동조합 분야의 하나이다. 여기에 속하는 빌딩과 주택이 4,400여 개에 이르며 조합원은 62만 2천 명에 거주자는 25만 6천명에 이르고 있다. 이외에도 운송, 에너지, 학교, 지역 라디오, 도서관, 세탁소 등 다양한 분야에서 협동조합이 활동하고 있으며 의료와 재활 분야에서도 협동조합이 운영되고 있으나 자세한 정보를 구하기가 어려웠다.

러시아의 경우 과거 소련USSR 시기에 소비자 협동조합들이 지

54. Richard Grol et al., "After-Hours Care In The United Kingdom, Denmark, And The Netherlands: New Models", Health Affairs, November 2006.

역 의료 조직에 기반하여 그들의 조합원들에게 의료 서비스를 제공하기도 하였다고 한다. 중앙 조직인 소비자협동조합중앙연맹 Centrosojuz[55]도 직원들을 위해 민간 클리닉과 병원 하나를 소유하고 있었다. 1990년 이후 의료 시설을 소유하고 있는 소비자 협동조합은 없으며 중앙연맹조차도 의료 서비스를 포기하였다고 한다. 민간 의료의 도입과 더불어 의료 서비스 제공에서 경쟁하기가 어려워졌다. 이제 더 이상 러시아에는 의료 협동조합이 존재하지 않는다.

카자흐스탄이나 벨라루스를 제외하고 다른 중앙아시아 공화국들의 경우는 이전과 상황이 비슷하거나 악화되었다. 이들 지역에서 소비자 협동조합이 여전히 존재하기는 하지만 국가 지원에 의존하고 있는 실정이다.

캐나다와 미국의
의료 협동조합

캐나다는 협동조합 활동이 활발한 나라로 알려져 있다. 프랑스어 지역인 퀘벡과 다른 지역의 협동조합 특성에 차이를 보이는데 의료 분야도 마찬가지이다. 캐나다의 의료보장 제도인 메디케어Medicare의 도입 과정에서 의료 협동조합들이 중요한 역할을 담당하였으며 최근에 사회적 케어 협동조합이 발달하고

55. Central Union of Consumer Cooperatives

있다. 미국의 경우도 의료보험 분야 협동조합의 활동이 활발하며 '오바마 케어' 실현에 협동조합들이 중요한 역할을 담당하고 있다.

캐나다에서 의료 부문 협동조합은 네 가지 유형으로 나누고 있는데 커뮤니티클리닉community clinics, 의료서비스중개자협동조합 health brokers' cooperative, 엠뷸런스협동조합ambulance coops, 홈케어서비스협동조합home care servies coops 등이다.[56]

캐나다에서 의료 협동조합의 발전은 보편적 의료 보장 시스템의 발전과 밀접하게 연관되어 있다. 캐나다에서 메디케어라고 부르는 보편적 의료 보장이 처음 시행된 것은 1962년 서스캐처원 Saskatchewan 주이다.[57] 이 당시 이 지역의 의사협회는 메디케어가 사회주의 정책이라고 주장하면서 파업에 돌입하는데 이러한 파업에 반대하는 의사들과 메디케어를 지지하는 시민들이 35개 지역에서 의료 협동조합을 설립하여 진료 공백을 메우게 된다.

메디케어에 반대하는 의사들의 파업을 끝내는 공식적인 합의에서 주 지방 정부는 협동조합 클리닉 모델을 장려하지 않겠다는 협의를 하게 되면서 일부 의료 협동조합은 문을 닫는다.[58] 처음 설립되었던 35개의 협동조합들 중에서 현재는 5곳의 의료 협동조합만 남아 있는데 새스커툰Saskatoon에 2곳(다운타운 클리닉과 서부지역 클

---

56. 김창진, 『퀘벡 모델』, 가을의아침, 2015.
57. 연방협동조합당CCF이 1944년 서스캐처원에서 선거에 승리하면서 지속적으로 보건, 의료, 건강 시스템 개혁에 매진한다. 1962년에 서스캐처원에서 처음 무상의료제도(메디케어)를 시행, 1966년 캐나다의 연방정부가 무상의료제도를 법제화하며 1972년에 비로소 캐나다 전역에서 실시된다.
58. 오희정, 「캐나다 보건의료제도와 보건의료협동조합」, 성공회대학교 NGO 대학원 석사학위 논문, 2014.

리닉), 리자이나Regina, 프린스 앨버트Prince Albert, 윈야드Wynyard 각 1곳씩이다. 현재 새스커툰과 리자이나의 커뮤니티클리닉community clinics은 캐나다에서 가장 큰 의료 협동조합으로 성장했다.[59]

이 중 새스커툰 커뮤니티클리닉은 직원이 150여 명, 조합원 수는 1만 명, 이곳을 이용하는 환자 수는 1만 3,000명에 이른다. 또 조합원과 커뮤니티의 요구에 맞는 맞춤형 의료 서비스를 제공하지만 정부 지원의 공적 의료 시스템 안에서 운영되고 있다. 커뮤니티클리닉 조합원이 되려면 1년에 연회비 15 캐나다달러, 가족 단위는 30 캐나다달러를 내야 한다. 물론 저소득층은 면제다. 또 조합원 여부와 상관없이 지역 주민들도 똑같이 진료를 받는다.[60]

조합원이 되는 것은 자발적이지만 이 클리닉의 서비스는 누구나 이용할 수 있다. 그러나 협동조합의 회원이 됨으로써 받을 수 있는 혜택은 이사진을 선출할 수 있는 투표권과 위원회에 봉사할 수 있다는 것 그리고 새스커툰 커뮤니티클리닉의 뉴스레터를 받아 볼 수 있다는 점이다. 가장 중요한 점은 조합원들이 지역 사회 기반 일차 보건 의료 협동조합의 가치를 지지하여 함께 참여할 수 있다는 점이다. 이 협동조합의 조합원들은 연례 서비스 요금Annual Service fee을 내는데 이 서비스 요금으로 조합원의 경우 의료비 할인, 처방약 비용 할인, 처방약의 배송 비용 무료 등의 서비스를 제공 받으며 협회도 그 비용을 지원한다.[61]

---

59. '지라드 보고서', (CMHSC14), 2014.
60. iCOOP(아이쿱) 협동조합 조사여행단, 「진주의료원 폐업? 협동조합 병원이 대안」, 「오마이뉴스」 2013.9.2.
61. 오희정, 「캐나다 보건의료제도와 보건의료협동조합」, 2014.

새스커툰 커뮤니티클리닉의 모습 ⓒsaskatooncommunityclinic.ca

이 곳의 특징은 노인이나 이민자, 인디언 원주민과 같은 취약 계층의 건강을 위한 특별 프로그램에 있다. 그 중 가장 대표적인 특화 프로그램은 새스커툰 서부 지역의 클리닉으로 90퍼센트를 차지하는 도심 빈민 지역인 원주민 지역 사회 대상 프로그램이다. 이 클리닉은 육아 교실에서 참가자들에게 추첨을 하여 상품들을 제공하는 것과 같은 혁신적인 방식으로 원주민 프로그램을 이끌었다.

다른 측면에서 이 서부 지역 클리닉은 도심 빈민 지역과 중간 계층 이웃들이 조합원으로 많이 참여하고 있다. 이 같은 조합원들의 다양성은 협동조합의 또 다른 강점이 되었다. 이 협동조합 클리닉은 대략 20퍼센트 이상의 이용자가 65세 이상의 노인들로 구성되어 있어 이들에 대한 프로그램은 주목할 만하다. 모든 보건 의료 공급자들은 어떤 방식에서든 노인들과 함께 일한다. 예를 들면, 약사들은 의약품의 요구를 가진 노인들을 돕는 것이며, 작업 치료사들은 일상 활동을 하도록 돕는 것이고, 의사들은 건강 문제와 관련하여 노인들과 함께 일을 하는 것이다.[62]

캐나다에서 도매든 소매든 협동조합 약국은 없으나 소매 소비자 협동조합이 약국 서비스를 제공하는 곳은 있다. 새스커툰 커뮤니티 클리닉은 가격을 낮추고 소비자 교육을 위해 약국도 운영한다.[63]

1972년에는 이웃 매노토바Manitoba 주에서도 서스캐치원 모델을 따라서 노웨스트협동조합NorWest Coop 커뮤니티헬스센터가 설립되며 이 곳도 나중에 캐나다의 중요한 의료 협동조합의 하나로 성장한다.[64] 1972년 설립된 이 커뮤니티헬스센터는 매니토바 주에서는 유일한 의료 협동조합으로 일차 의료, 건강 증진, 만성 질환 지원, 지역 사회 개발, 이주민 거주 서비스 등 다양한 사업들을 진행하고 있다. 2010년 노웨스트협동조합은 일본 의료생협을 방문하고 돌아온 후 일본에서 성공적으로 진행된 반 모임HANS Kai 프로그램을 캐나다에 도입한다.

이 프로그램에서는 동료 그룹들이 멤버들의 건강 상태를 모니터하는데 자신의 동기에 의존하는 경우보다 더 효과적이라고 한다. 위니펙Winnipeg에서는 3년 이상 15개의 반 모임이 운영되어 왔다. 이 협동조합에서는 젊은 사람들에게도 이 방식을 적용하였다. 노웨스트협동조합의 반 모임 프로그램 효과에 대한 메니토바 대학의 연구는 통계적으로 유의미한 결과를 보여주기도 하였다.

브리티시 콜롬비아 주에서는 의료 협동조합이 1940년대 설립되

---

62. 오희정, 「캐나다 보건의료제도와 보건의료협동조합」, 2014
63. '지라드 보고서', (CMHSC14), 2014.
64. '지라드 보고서', (CMHSC14), 2014.

기는 하였으나 그리 활발하지는 못했다. 의료 협동조합이 본격적으로 설립된 것은 직접적으로 2002년 자유당 정부에 의한 지역 보건국들의 재편성을 배경으로 하고 있다. 캐나다에서 보건 의료 제도의 개혁은 브리티시 콜롬비아 주에서도 역시 예외일 수는 없었다. 브리티시 콜롬비아 주의 보건 의료 사유화 바람은 2001년 신자유주의를 지향하는 캠벨의 자유당 집권 이후 더욱 심화되었다.

병의원 서비스의 축소 폐쇄와 함께 처방약 서비스의 개편, 52개 지역 보건국을 6개로 축소, 일부 전문화된 의료 서비스와 가사 도움 서비스의 사유화 등 여러 분야의 재편성이 있었다. 이 결과 많은 지역 사회들에서 갑작스런 보건 의료 서비스 축소를 경험하게 된다. 주민들은 축소된 지역 사회 서비스의 대안으로 협동조합 모델을 고려하게 되었다. 새로운 도전에 대응하여 의료 협동조합을 만들면서 서스캐치원 주의 협동조합을 롤 모델로 삼게 된다.

넬슨Nelson의 커뮤니티제일의료협동조합Community First Health Coop은 지역 사회 네트워크를 구축하였고 브리티시 콜롬비아 주에서 가장 성공적인 사례로 인정받고 있다. 가장 최근에 설립된 빅토리아커뮤니티의료협동조합Victoria Community Health Coop은 의사들의 지원과 많은 지역 사회 참여를 토대로 하고 있다.

케어커넥션협동조합CareConnection Coop은 어르신들과 장애를 가진 사람들, 그리고 가사 지원 서비스를 필요로 하는 모든 이들에게 가사 지원 서비스를 하는 비영리 노동자 협동조합이다. 케어커넥션협동조합은 2000년대 초반 장기 요양 시설이 사유화로 전환함에 따라 해고된 간호 보조원 5인으로 형성된 노동자 협동조합이다.

이 홈 케어 협동조합은 미션, 애보츠포드, 메이플리지 그리고 칠리왁에서 홈 케어 서비스를 제공하고 있다.

캐나다의 홈 케어는 계약으로 이루어진 만큼 케어커넥션은 캐나다 국가 보훈처, 브리티시 콜롬비아 자동차 보험회사, 어린이와 가족 발전 부처, 그 외 개인들에게 서비스를 제공하지만 프레져 보건국과는 거의 계약이 이루어지지 않는다는 점이 한계이다.[65]

캐나다 퀘벡 이외 주의 의료 협동조합들은 여러 해 동안의 논의 끝에 2011년 연대체인 캐나다의료협동조합연맹HCCFC[66]을 구성하게 된다. HCCFC의 회원 조합들은 100만 명 이상의 캐나다 국민들에게 건강, 의료, 사회 복지 서비스를 제공하고 있다.

많은 캐나다 국민들과 지역 사회의 주요 관심사는 나이가 들면 필요해지는 지원 서비스의 부족이다. HCCFC의 회원 조합들은 이미 주요 영역에서 이러한 요구들을 해결하고 있으며 이들에 대한 정부의 인식도 증가하고 있다. HCCFC가 캐나다 전역에서 전개하는 웰빙, 의료와 사회 복지 서비스 내용에는 홈 케어, 모바일 의료 서비스, 고용 장벽에 직면한 사람들을 위한 취업 지원 그리고 의료 센터 등을 포함하고 있다.

지역 사회와 정부는 노인, 청년, 직장 또는 기타 개인과 단체들이 최적의 건강 상태를 유지하고 달성할 수 있도록 돕는 반 모임과 같은 프로그램에 특히 관심을 가지고 있다. HCCFC의 회원 조합은 지역의 단체들과 협력하여 이론적 지식보다는 건강 기능과 행동을 습

65. 오희정, 「캐나다 보건의료제도와 보건의료협동조합」, 2014.
66. Health Care Co-operative Federation of Canada

득하는 데 초점을 맞춘, 의료의 사회적 결정 요인을 해결하는 프로그램들을 제공하고 있다.[67]

캐나다의 퀘벡 주에는 3,300개 이상의 협동조합과 공제조합이 있어, 퀘벡은 협동조합의 천국으로 불린다.[68] 인구 800만 명에 조합원 수는 880만 명으로 인구수보다도 많다. 이들은 9만 2,000개의 일자리를 제공하고 있다. 1997년에는 북미에서 처음으로 연대 협동조합solidarity cooperatives이 도입되었다.

퀘벡에서 처음 의료 협동조합이 등장한 것은 1944년으로, 지금은 SSQ로 알려진 퀘벡의료서비스Services de santé de Quebec와 관계가 있다. 현재 100개가 넘은 캐나다 의료 부문 협동조합 중 70여 개가 퀘벡 지역에서 활발하게 활동하고 있다.[69]

몬트리올에서 북쪽으로 150킬로미터 정도 떨어진 쌩텍지엥Saint-étienne 지역의 지역 주민들은 1995년 시장에게 지역의 의료인을 마련해 달라고 청원한다. 당시 이 지역의 주민은 3,6000명에 불과했고 의료 서비스를 제공하는 곳도 한 군데였는데 그마저도 상주하던 의사가 떠나 버린 상황이었다. 지역 데잘댕금고 책임자인 자끄 주라노가 나서면서 주민의 3분의 1에 달하는 1,100명이 의료 협동조합 설립 청원에 서명하게 된다. 주민들은 1인당 125달러씩을 출자하고 지역 데잘댕금고 직원들이 총 2,000시간의 자원봉사를 진행하면서 협동조합 설립에 매달리게 된다.

67. 아이쿱협동조합지원센터, 「세계협동조합은 지금」, 2016년 4월호.
68. 퀘벡에서는 단기간에 정부 주도로 민간 부문과 협력하여 협동조합을 비롯한 사회적 경제의 발전 성과가 두드러지게 나타났다고 한다.
69. 김창진, 「퀘벡 모델」, 2015.

시는 당시 미국계 다국적 쓰레기 처리 회사가 매입하려던 부지를 의료 협동조합 부지로 80년 무상 임대해 주는 협약을 맺는다.[70] 이렇게 설립된 Coopérative de santé Les Grès는 1995년 운영을 시작하는데 이 협동조합은 보편적 의료 보장이 시행된 후 가장 먼저 설립된 의료 협동조합이다. 이 협동조합은 이후 계속 발전하여 장기 요양 시설을 설립하고 자체 건물도 짓고 클리닉도 하나 추가로 설립하였다.

이처럼 캐나다에서는 의사가 부족하고 의사들 또한 미국 영리 의료에 의한 유혹으로 개인 클리닉을 차리는 경우가 많아 대부분 도시로 몰리기 때문에 시골 마을에서는 의사를 구하기가 쉽지 않다. 일차 의료를 담당하는 의사 부족으로 고민하던 퀘벡의 여러 마을에서는 이 모범 사례를 따라 유사한 협동조합들을 설립하여 문제 해결에 나선다.

아일머의료협동조합Coop Santé Aylmer은 지역에서 활동하던 한 의사의 파산을 막기 위해 주민들이 협동조합을 설립하여 병원을 인수하면서 시작된다. 지역의 의료 인력 상황이 어려워지자 타개책을 마련하느라 의사들 중심 대책 모임을 만들게 되고, 이 모임은 다른 지역의 의료 협동조합들을 방문하면서 해결책을 모색한다. 2001년 봄 의사 젤리나스를 포함하여 9명으로 구성된 준비위원회를 결성하게 되는데 다양한 협동조합 형태를 검토해 본 후 연대 협동조합의 장점들을 인정하고 이 유형의 협동조합을 설립하기로 한다.

---

70. 김창진. 「퀘벡 모델」, 2015.

2001년 9월 정식 인가 이후 협동조합이 발전하여 11명의 의사를 두게 되었으나 이후 9명이 개원을 위해 떠나는 바람에 어려움을 겪기도 한다. 아일머의료협동조합은 지역 사회에 중요한 효과를 가져오는데 몇 가지 성공 요인이 작용하고 있다. 첫째는 강력하게 동기 부여된 아일머 시민들이 의료 협동조합 설립과 운영에 지대한 관심을 보였다는 점이며 둘째는 프랑스어와 영어 이중 언어로 서비스를 제공하였고, 그리고 조합 가입비가 저렴하다는 점 등이었다.

2005년 아일머의료협동조합은 협동조합개발구상Cooperative Development Initiative의 재정 지원 덕분에 다양한 개발 프로젝트를 실행할 수 있는 자원을 얻게 된다. 이를 통해 서비스를 다양하게 확대하는데 이 중 하나가 남미 출신 이민자들 사이에서 만성 질환 예방을 위한 캠페인을 전개하는 것이었다. 그 재정의 일부를 캐나다 보건부와 에드먼턴의 다문화의료중개협동조합, 벤쿠버의 다른 협동조합 들이 부담하였다. 그리고 우따웨앰뷸런스협동조합과 협력 관계를 맺고 응급 환자 치료 연락망을 발전시켜 나간다.[71]

2005년에는 타르소 지역의 3명 의사 중 2명이 떠나고 1명의 의사만 남게 되어 의료 공백이 발생하자 2,500명의 주민 중 600명의 주민 참여로 협동조합을 만들기로 하고 2007년 첫 진료가 이루어지게 된다. 현재 연 진료 인원은 4,000명에 이르고 있다.

처음 의료 협동조합이 생긴 이래로 18년 동안 퀘벡에서는 54개 이상의 의료 협동조합이 설립되고 이 중 37개는 현재도 활동하고

71. 김창진, 『퀘벡 모델』, 2015.

있으며 대부분은 진료소를 운영하고 있다. 2005년 설립된 카티노 의료협동조합은 인구 18,000명 중 8,000명이 가입하여 연대 협동조합으로 출발하였으나 이후 의사가 떠나고 새로운 의사를 구하지 못해 파산 절차 진행 중이라고 한다.[72]

퀘벡 주는 다른 주와 비교하여 정도의 차이는 있지만 역시 보건 의료 재정 삭감으로 인해 고통 받았으며 보건 의료 발전을 위해 일부 민간 보건 의료 서비스를 허용하였다. 병원 외에서 다양한 보건 의료 서비스는 상업적으로 제공될 수 있는데, 1990년대 홈 케어와 고도의 기술 의학 분야에서 주요한 미국 기업들은 캐나다 보건 의료 시장에 침투하려 하고 있었다.

특히 1990년대 전후 공공 제도가 더 이상의 요구를 충족할 수 없는 영역에서 영리 회사들은 공공 기관들과 함께 경쟁을 하고 있는 상황이었다. 장기 재택 시설, 홈 케어, 요양과 재활 센터들, 민간 물리치료 그리고 방사선 클리닉들과 진단 서비스를 제공하는 병원들이 증가하고 있었다.

이러한 배경에서 퀘벡에서는 1997년 홈서비스사회경제기업 SEEHS[73] 네트워크가 설립되었다. 이 네트워크는 지역의 노인들에게 가사와 식사 제공 등을 통해 가능한 오래 노인 거주 시설보다는 집에 머물 수 있도록 지원하는 활동을 펼쳤다. 이러한 지원 활동의 영역이 계속 확장되어 이동, 목욕 등의 서비스도 추가되었고 나중에는 노인 장기 거주 시설에 대한 지원을 수행하는 곳도 생겨났다.

---

72. 신협 서울협의회 퀘벡 연수단, 「퀘벡 협동조합 연수보고서」, 2015.
73. Federation of social economy enterprises in home services

에스트리홈케어서비스협동조합[74]은 퀘벡 주의 남동 지역에 위치해 있는 이스턴 타운십Estern Townships의 주요 도시 중 하나인 셔브룩에 위치해 있다. 이는 1989년 설립된 비영리 사회적 기업으로 퀘벡 최초의 홈 케어 협동조합이다. 이 협동조합은 노인들이 집에서 삶을 계속하도록 하고 그 분들의 요구를 충족할 가사 지원 서비스를 제공함으로써 주민들의 삶의 질을 향상시키고 노동 시장에서 가장 취약한 사람들을 위해 안전하고 신뢰할 만하며 질 좋은 직업을 창출하는 것을 사명으로 한다.

그러면서 셔브룩 지역 사회 조직들과 협력하여 사명을 충실히 수행하는 것이 목적이다. 에스트리홈케어서비스협동조합은 퀘벡의 첫 번째 홈 케어 서비스 협동조합이며 다른 지역에서 홈 케어 서비스 협동조합을 설립할 때 이 사례를 많이 참고한다고 한다.

이 협동조합에서 제공하는 서비스 내용은 [표 5]와 같다. 대상은 조합원인 노인, 젊은 가족들, 커플, 싱글 등 모두 가능하고 이들은 필요로 하는 프로그램을 이용할 수 있다. 보건과 사회 서비스 센터 CSSS와 지역 사회 서비스 센터CLSC에서 추천을 받은 사람들 역시 서비스를 받을 수 있다.

75퍼센트의 고객은 65세 이상 노인들로 구성되어 있다. 매일 셔브룩 도시에서 100명 이상의 서비스 제공자들이 매일 1,500여 명의 이용자들을 대상으로 도움을 주고 있다. 2011년 에스트리홈케어서비스협동조합의 예산은 21만 캐나다달러였으며 운영에 있어 적자

---

74. La Coopérative de services à domicile de l'Estrie

[표 5] 에스트리홈케어서비스협동조합에 의해 제공되는 서비스

서비스	설명
가벼운 집안 일	먼지 제거, 일반적인 청소, 침상 시트 교화 등
비중 있는 집안 일 (대청소)	식기류와 옷장 내 청소, 창문 닦기, 가구 청소
의복 세탁	의복의 빨래와 다리미질
식사 준비	하루를 기반으로 한 음식 요리, 냉동 음식 준비
준비와 공급	쇼핑, 심부름
외출 동안 동반	외래 예약 또는 레버 활동 때 동반하기
모니터링 참여	간호 제공자들이 쉴 수 있는 시간을 제공하기 위해 자율성을 상실한 사람 곁에 있어 주기

〈출처〉 존 리스타키스, 「협동조합 방식의 어르신 돌봄」, 2008, 9쪽[75]

가 생기면 보조금이나 그 외 다른 지원금들로 적자를 만회하기도 한다.[76]

　에스트리 모델의 성공에 힘입어 날이 갈수록 퀘벡 전역에서 홈 케어 서비스 협동조합이 늘어난다. 2008년 현재 퀘벡에는 이런 유형의 협동조합이 46개가 있는데 이들 중에서 32개가 연합체인 퀘벡홈서비스와의료협동조합연합회FCSDSQ[77]에 가입해 있다. 이 연합회는 1996년에 설립된 가장 큰 네트워크이다. 이 연합회의 임무는 '노인들이 계속 집에 살 수 있도록 하면서 그들의 요구를 충족할 수 있는 광범위한 홈 케어 서비스를 제공하여 삶의 질을 높이고 노동 시장에서 가장 취약한 빈곤층을 위한 양질의 일자리를 제공하는

75. 오희정, 「캐나다 보건의료제도와 보건의료협동조합」(2014)에서 재인용.
76. 오희정, 「캐나다 보건의료제도와 보건의료협동조합」, 2014.
77. La Fédération des coopératives de services à domicile et de santé du Québec

것'이다.

이 연합회는 또한 퀘벡에서 약 18,000명의 조합원들로 이루어진 12개의 의료 협동조합들을 포함하고 있다. 가장 주목할 만한 점은 에스트리홈케어서비스협동조합과 다른 협동조합 간 협동을 이끌고 지역 사회 네트워크를 구축하고 퀘벡에서 홈 케어를 발전시키는 데 큰 역할을 한다는 점이다.

1980년대 퀘벡 주에서는 파라메딕paramedic들이 자신들의 근무 조건, 훈련, 대중들의 인식을 개선하고 대중들에게 더 나은 서비스를 제공하기 위해 분투하고 있었다. 1988~1990년 사이에 5개의 파라메딕협동조합들이 설립되었다.

현재 퀘벡에는 총 6개의 앰뷸런스 협동조합이 있다. 이들 6개의 협동조합이 퀘벡 전체 앰뷸런스 서비스의 30퍼센트를 차지하고 있다. 이 중 하나인 세탐CTAQ[78]은 1988년 설립되었는데 응급 구조사들이 만든 노동자 협동조합으로 퀘벡 주 의료 관련 협동조합 중 가장 큰 3곳 중 하나이다. 몬트리올 남쪽 72개 구역의 주민 약 30만 명에게 서비스를 제공하고 있다. 원래 이 회사는 사기업이었으나 1988년 기업이 부도가 나서 응급 구조사 40명이 1,000달러씩 출자금을 내고 신용 협동조합으로 융자금을 대출 받아 설립하게 되었다.[79] 현재는 직원이 400여 명에 이르며 29대의 앰뷸런스를 운영하며 서비스를 제공하고 있다. 하루에 140회 정도의 콜이 있다고 한다.[80]

세탐의 예산은 퀘벡 주 정부로부터 지원받는 부분도 크다고 한

78. Conseil de la transformation alimentaire du Québec
79. 차형석, 「세상에, 뭐 이런 협동조합이 다 있어?」, 『시사인』 2012.8.20.
80. '지라드 보고서', (CMHSC14), 2014.

다. 공적 역할을 인정하기 때문에 이에 대해 지원하고 대신에 이에 대한 감사를 시행한다고 한다. 최근에 세탐은 자신의 출범에 기여한 연대 경제금고의 계좌를 폐쇄하고 일반 상업은행과 거래를 시작하여 논란이 되기도 하였다. 어떤 논의도 없이 일방적으로 계좌를 옮겼다고 하는데 현재 세탐을 이끌고 있는 민간 사기업 출신 경영자의 가치관, 그리고 조합원들의 협동조합 가치에 대한 무관심 등에 기인한 결정으로 보인다.[81]

2002년 6개의 퀘벡 앰뷸런스협동조합이 벌어들인 전체 수입은 5,040만 달러에 이르며 그들의 총 자산은 3,170만 달러 규모라고 한다.[82] 이후 추가로 생긴 협동조합들과 같이 2005년에 퀘벡파라메딕협동조합연맹[83]을 구성하게 된다.[84]

캐나다에서 서스캐처원 모델과 퀘벡 모델은 여러 면에서 대비된다. 1960년대 이래로 발달한 서스캐처원 모델의 의료 협동조합들은 초기부터 지방 정부의 공인을 받아 재정 지원을 받게 되었다. 새스커툰 클리닉이 다른 클리닉 네 곳과 함께 성공을 거둔 이유 중 하나는 서스캐치원 주 정부로부터 지원을 받았다는 점이다. 2012~13년 전체 예산에서 정부 지원 비율은 77퍼센트 정도 차지하고 있다. 2012~13년 예산은 120만 캐나다달러이다. 그밖의 자금은 조합원 회비와 기부금에서 재정을 충당하고 있다.

1968년 설립된 새스커툰 커뮤니티클리닉재단Saskatoon Community

81. 김창진, 『퀘벡 모델』, 2015.
82. 김창진, 『퀘벡 모델』, 2015.
83. Federation des cooperatives de paramedics du Quebec
84. '지라드 보고서', (CMHSC14), 2014.

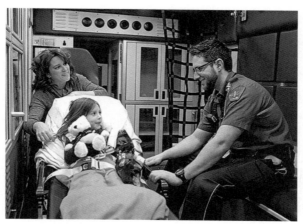

세탐의 조합원들 모습 ©ctaq.com

Clinic Foundation은 지역 사회의 모든 조합원들의 건강을 조장하고 증진하도록 연구, 프로그램, 그리고 다른 활동들을 지원하는 기부 단체로 등록되어 있다. 이 재단은 2012년 말에 300명이 넘는 기부 자들로부터 139,374 캐나다달러를 모아 새스커툰클리닉에 여러 서비스와 프로그램에 도움이 되도록 지원하고 있다.[85]

이러한 정부 지원이 있었기에 이들 협동조합 클리닉이 공공적인 업무 수행에 집중하게 되는데 지역에 거주하는 장애인, 노인, 어린이 등의 취약 계층을 대상으로 한 예방, 건강 증진 프로그램들을 적극적으로 수행한다. 그리고 건강에 대한 빈곤의 영향이나 환경 이슈 등에도 지대한 관심을 보인다.

반면 퀘벡의 경우는 농촌 마을에서 의사를 구하지 못해 의료에 대한 접근성이 떨어지는 문제가 의료 협동조합의 출발이었다. 주로

---

85. 오희정, 「캐나다 보건의료제도와 보건의료협동조합」, 2014.

자조적인 성격이 강한 측면이 있었다. 홈 케어 협동조합과 파라메딕 협동조합이 발달한 것도 특징 중 하나이다.

2012년 협동조합국제서미트[86]의 부속 모임으로 의료협동조합국제포럼[87]이 2011년 퀘벡에서 진행되면서 퀘벡홈서비스와의료협동조합연합회FCSDSQ와 캐나다의료협동조합연맹HCCFC이 서로 협력해 나갈 수 있는 기반을 쌓게 된다.

이외에도 캐나다에는 다양한 유형의 협동조합들이 존재한다. 다문화 가정, 이민자, 난민들을 위해 건강 관련 서비스를 지원하는 협동조합도 있고[88] 온라인상에서 건강관리 정보를 제공하는 소비자협동조합[89], 대체의학 서비스를 제공하는 협동조합[90], 정신 질환이나 중독에서 회복된 환자들에게 일자리를 제공하는 협동조합[91], 자폐환자들[92], 간호사들[93]의 협동조합들도 있다.

미국의 의료 협동조합 역사는 19세기까지 거슬러 올라간다. 1930년대 대공황 시기에는 뉴딜의 일부로 농촌에서 가족들을 돕고 의료비를 지원하기 위해 협동조합들이 발달하게 된다. 1942년에는 41개 주에서 1,200여 협동조합이 65만 명 이상의 사람들에게 서비스를 제공하였다. 그러나 이후 미국 의사회의 저항에 부딪혀 대부

86. International Summit of Cooperatives
87. International Forum on Health Co-operatives
88. The Multicultural Health Brokers Cooperative
89. Health Connex,
90. The Ontario Chinese Medicine and Acupuncture Co-operative
91. TeamWerks Cooperative
92. Coop santé Espace-Temps
93. Health Cooperative SABSA

분의 협동조합들이 문을 닫게 되며, 현재는 소수 협동조합만이 남아 있다. 1947년 설립된 그룹헬스Group Health, 1957년 설립된 헬스파트너스HealthPartners가 현재까지 남아 있는 가장 큰 소비자 의료협동조합이다. 둘 다 농촌과 도시에서 활동하고 있으며 2백만 명 이상에게 서비스를 제공하고 있다.

그룹헬스는 1947년에 설립되었으며 워싱턴 주와 북부 아이다호에 기반을 두고 있다. 현재 남아 있는 의료 협동조합 중에서 가장 오래되고 가장 큰 협동조합 중 하나이다. 이 협동조합은 25개의 일차진료소, 3개의 응급센터, 4개의 외래 수술센터, 1개의 병원을 운영하고 있고 1,000여 명의 의사들과도 협력하고 있다. 조합원 수는 63만 명 정도이고 2013년 매출이 36억 달러에 이른다. 헬스플랜도 운영하고 있는데 마이크로소프트, 보잉 등 대기업에도 제공하고 있다.

전적으로 소비자가 소유하고 통제하는 협동조합은 미네소타와 위스콘신 지역의 헬스파트너스 하나밖에 없다. 63만 명의 조합원과 9,600명의 직원이 50개 지역에서 일하고 있다.

지역 병원들의 운영을 지원하는 성격의 병원 협동조합이 두 개 있는데 위스콘신 주 경우가 가장 활발하게 활동한다. 1979년 설립된 위스콘신농촌병원협동조합RWHC[94]은 위스콘신 농촌 지역에 있는 비영리 종합병원 39곳이 참여하고 있으며 미국에서 가장 오래된 협동조합의 하나이면서 농촌 지역 병원들 간 성공적인 네트워크 모델로 인정받고 있다. 직원 교류, 의료 질 개선, 환자 만족도 조사,

---

94. Rural Wisconsin Hospital Cooperative

임상과 경영 교육 제공, 재정 및 헬스 케어 IT 컨설팅 등의 사업을 진행하고 있다. 아이다호, 와이오밍에서 활동하는 병원 협동조합은 14개 병원에 서비스를 제공하고 있다.[95]

미국에서 오바마 케어 이후 의료보험 협동조합의 활동이 활발해 지고 있다. 의료보험 협동조합들은 미국 보험 시장에서 고객들에게 선택의 기회를 제공하고 있다. '오바마 케어'라고 불리는 '환자 보호 및 부담적정보험법' 통과 이후 30조 달러가 넘는 연방 융자금이 '소비자 지향의 소비자가 운영하는 운영계획CO-OP[96]'에 따라 설립하는 비영리 보험업계의 설립 및 지급 여력 자본 제공에 할당되었다.

이 법에 근거하여 소비자 소유 기업들이 설립되고 있는데 모두가 협동조합으로 운영되는 것은 아니지만 현재까지 23개의 새로운 의료보험 협동조합이 설립되었다. 협동조합이 아닌 기업들도 이사진을 회원들이 선출하는 등 협동조합과 같은 방식을 취하고 있으며 비영리로 운영된다고 한다. 초창기에는 공공-민간 파트너십의 형태로 운영되나 대출금 상환이 끝나면 모든 소유권은 소비자들에게 돌아간다.

2014년까지 미국의 모든 주에서 비영리 의료보험 기관의 설립을 기대하고 있으나 2013년 '재정절벽' 합의로 여전히 연방 대출을 신청하고 있는 몇몇 주의 CO-OP에는 지원이 감소될 것으로 보인다. CO-OP에 따라 설립된 의료보험 협동조합 중 하나인 CoOportunity Health는 아이오와와 네브래스카 주에 기반하고

---

95. '지라드 보고서', (CMHSC14), 2014.
96. Consumer operated and oriented plans

있는데 설립 및 운영을 위하여 총 112만 6천 달러를 지원받았으며 두 개 주에 걸쳐 7만 명 이상의 조합원이 이용하고 있다.[97]

미국의 사회적 케어 협동조합들은 대부분 홈 케어 협동조합으로 처음 20세기 초반에 등장한다. 1970년대에는 생산자 협동조합들이 노인과 장애인들에 서비스를 제공하기도 했다. 홈케어협동조합연합[98]은 1985년 뉴욕에서 설립된 첫 노동자 협동조합으로 지금은 가장 크고 영향력 있는 협동조합의 하나로 성장했다. 협동조합의 경험은 그동안 비숙련의 임시직 중심으로 운영되던 홈 케어 제공에 대안 모델을 제시한다. 1990년대는 비슷한 협동조합들이 미국 전역에서 생겨나기 시작한다. 현재 미국에는 21개의 사회적 케어 협동조합이 있는 것으로 확인되고 있다. 16개의 협동조합은 공급자 협동조합이고 2개는 소비자, 3개는 다중 이해 관계자 협동조합이다.

POCA[99]는 지역사회 침술 운동을 벌이는 침술사, 클리닉, 환자, 지원자들이 모여 만든 협동조합이다. 조합원이 1,684명으로 2012년과 2014년 사이에 두 배로 증가하였다.

미국에서 약국 협동조합은 주로 이차 수준의 협동조합이다. 1990년대 약국 간 경쟁이 치열해지면서 유지 비용을 낮추고 더 큰 약국들과 경쟁하기 위해 협동조합들을 만들기 시작한다. 5개의 약국 협동조합이 확인되고 있는데 4개는 이차 수준의 구매 협동조합이다. 총 7,385곳의 약국들이 조합원으로 참여하고 있다. 컴플라이

---

97. 아이쿱협동조합지원센터, 『세계 협동조합은 지금』, 2014년 5월호.
98. Cooperative Home Care Associates
99. People's Organization of Community Acupuncture

언트파마시동맹협동조합[100](1993), 아메리카파마시협동조합[101](1984), 파트너스인파마시협동조합[102], 독립파마시협동조합[103]는 이차 협동조합이고 케어파마시협동조합[104]은 독립적인 소매 약국들 체인으로 전국에서 85개 약국이 참여하고 있다.[105]

중남미
의료 협동조합

남미 지역은 의료 관련 협동조합이 가장 발달한 지역이다. 대륙별 비교에서 의료 협동조합의 수가 많이 분포해 있는 남미는 의료 협동조합의 메카라고 부를 만하다. 일부 나라에서는 의료 협동조합들이 그 나라 의료 시스템에서 차지하는 비중이 절대적인 경우들도 있다. 브라질의 유니메드는 매출 규모로 볼 때 전 세계 의료 협동조합 중 가장 큰 규모를 자랑한다. 콜롬비아의 살루드쿱은 전 세계 5위 규모의 의료 협동조합이다.

브라질의 유니메드협동조합은 의료업과 의료보험업을 수행하는 협동조합으로 의료 관련 협동조합으로는 세계에서 가장 큰 협동조합이다. 그리고 의료 네트워크로서 브라질에서 가장 큰 조직

---

100. Compliant Pharmacy Alliance Cooperative
101. American Pharmacy Cooperative
102. Partners in Pharmacy Cooperative
103. Independent Pharmacy Cooperative
104. Care Pharmacies Cooperative
105. '지라드 보고서', (CMHSC14). 2014.

이기도 하다.

유니메드는 자본에 기반한 헬스플랜에 대항한 대안으로 1967년 산부인과 전문의인 에드문도 카스틸로Edmundo Castilho에 의해 설립되었다. 당시 브라질은 주로 상업적 민간 의료 서비스에 기반하고 있었다. 이런 상업적 의료가 점점 더 확대되고 있는 상황이었고 공공 의료 인프라는 매우 취약하여 의사들이 만족스런 일자리를 구하기가 점점 더 어려워지고 있었다.

이런 의료 시스템 문제로 지쳐버린 의사들은 전문가로서 누적된 불만족을 해소해야 했다. 먼저 상파울로 주 산토스의 의사들이 이런 상황을 타개할 대안에 대해 토론을 벌이게 된다. 협동조합 운동에 대해 알고 있던 변호사 한 명이 이들에게 협동조합 설립을 제안하자 이 제안을 받아들여 첫 협동조합이 설립된다.

'의료 서비스는 누구나 누릴 수 있어야 한다.'는 공정성 원칙을 주창했던 에드문도 카스틸로가 이끄는 시 의사회는 1967년 12월 18일 브라질 최초의 의료 협동조합인 '유니메드 산토스Unimed Santos'를 설립한다. 처음에는 21명의 의사가 참여하였는데 나중에는 다양한 다른 의사들의 조직들이 참여하게 된다. 1972년에 유니메드는 행정 구역에 따라

에드문도 카스틸로의 모습. 유니메드의 설립자이며 국제의료협동조합연맹 초대 부총재를 역임했다. 2016년 6월 86세의 나이로 사망하였다. ©ihco.coop

브라질 유니메드협동조합의 전국 분포도 ©unimed.coop.br

시스템을 통합하기 시작했다. 현재는 브라질 전체의 70%에 해당하는 3,700개 지방 자치 단체에 유니메드가 설립되어 있다.

현재 354개의 의사 협동조합이 유니메드에 참여하고 있는데 11만 명 이상의 의사들이 연계되어 있고 107개의 종합병원, 11개의 데이 병원, 189개의 응급진료소, 74개의 검사실, 88개의 진단센터, 120개의 약국, 8,345병상을 운영하고 있다. 유니메드는 75,000명의 직원을 고용하고 있으며 2012년에만 일자리 5,725개를 창출했다. 브라질 의사의 4분의 1이 유니메드의 멤버이기도 하며 브라질 국민 2천만 명 이상이 유니메드 협동조합을 이용하고 있다.[106]

유니메드에 소속된 협동조합 중 하나인 유디메드 론도니아 Rondônia는 포르투벨류Porto Velho에서 처음 28명의 의사들에 의해 설립되었는데 현재 조합원이 2,940명에 이르며 직원이 406명으로 36,300명에게 서비스를 제공하고 있다. 8개의 병원, 14개의 검사실,

___

106. Anca Voinea, "Why 20 million Brazilians rely on a co-operative for healthcare", Co-operative News, 20 August 2015.

69개의 특수 클리닉, 11개의 영상 센터를 운영한다.[107]

유니메드는 협동조합으로 수익 자체를 목적으로 하지 않기 때문에 남는 이익금은 시설이나 병원, 실험실 확장에 투자하고 있다. 그리고 유니메드는 민간-공공 파트너십의 발전을 위해 정부와는 다방면에서 협력하고 있다. 2014년 브라질 월드컵에서는 공식 지정 응급의료 서비스 기관으로 지정되어 6월 12일부터 7월 13일까지 개최되는 월드컵 기간 동안 월드컵에 참가하는 모든 선수들과 기술진들에게 의료 서비스를 제공하기도 하였다.[108]

의사들이 직접 운영하는 유니메드의 장점은 자율성이 매우 높다는 데 있다. 조합에 가입된 의사들 11만 명은 조합원 겸 소유주인 셈이다. 조합원들은 처방약 비용을 최대한 낮추고 조합원 개개인이 소유한 병원은 독립적이면서도 조합의 공동 소유이기도 하다. 유니메드는 특정한 의료 품질과 효율성을 달성하는 의료진에게 금전적인 인센티브를 제공하는 성과별 지급제도를 시행하고 있다. 이 같은 성과별 지급 제도 덕분에 환자 만족도가 높아지고 진료비는 낮아졌으며, 특히 예방 치료가 증가해 만성 질병에 대한 입원 건수가 줄었다. 진료비가 낮아지니 누구든지 쉽게 병원을 찾아 초기에 질병을 발견하고 빠른 치료를 할 수 있다.

유니메드도 다양한 문제에 직면하고 있다. 의료 분야에서 투자를 추진하고 있으나 의료 공급자를 통제하면서 의료보험의 가격을 제한하고 있는 정부는 가이드라인 안에 머물 것을 원하고 있다. 유

---

107. '지라드 보고서', (CMHSC14), 2014.
108. 아이쿱협동조합지원센터, 「세계 협동조합은 지금」, 2014년 7월호.

유니메드의 로고

니메드가 주로 병원에 초점을 맞춰 운영되어 왔지만 점차 예방적 의료 서비스를 강화할 필요성들이 증가하고 있다는 점이다.

　　낮은 진료비, 질 높은 의료 서비스를 제공하는 유니메드는 21년 연속 브라질 최고 브랜드로 선정됐다.[109] 브랜드 파이낸스Brand Finance에 따르면 유니메드의 브랜드 가치는 약 16억 달러로 브라질에서 29번째로 가치 있는 브랜드이다. 브라질 인구의 12%가 전국 83% 이상의 점유율을 자랑하는 유니메드의 서비스를 이용한다. 유니메드는 브라질 의료보험 시장의 32%를 차지하고 있다.[110]

　　유니메드협동조합 비즈니스컴플렉스는 현재 이용자를 위한 협동조합, 신용 협동조합, IT 사업을 수행하는 유니메드시스템, 유니메드프러덕트엔헬스서비스, 유니메드연구센터재단, 응급의료를 제공하는 유니메드에어, 250만 명이 가입한 유니메드보험 등을 포함하고 있다. 유니메드아세구라도라Aseguradora는 의료보험, 수입 보장, 대출 보험, 협동조합 운영 리스크에 대한 재보험, 개인연금 플랜 등을 제공한다. 유니메드는 콜롬비아, 아르헨티나, 우루과이, 파라과이 등 다른 나라들과의 협약을 통해 유니메드 모델을 전파하고 있다.

　　1995년 6월 유니메드는 국제협동조합연맹과 공동으로 의료 협

---

109. 김정욱, 「세계의 협동조합 ②, 브라질의 'Unimed'」 「브릿지경제」, 2014.8.28.
110. 아이쿱협동조합지원센터, 「세계 협동조합은 지금」, 2014년 7월호.

동조합 국제포럼을 조직한다. 이 포럼에서 국제협동조합연맹의 사업에 보건 의료 분야를 포함할 것을 제안하여 국제협동조합연맹의 새로운 부문 조직으로 국제의료협동조합연맹이 설립된다.

유니메드와는 별개로 브라질에는 118개의 치과 의사 협동조합이 있으며 이 중 다수는 치과 의사 협동조합의 전국 단체인 유니오돈토UNIODONTO[111]의 멤버이기도 하다. 이 협동조합은 1972년 37명의 치과 의사에 의해 설립되어 양질의 서비스를 감당 가능한 수준으로 제공하여 치과 치료 접근성을 높이는 데 기여하고 있으며 전국적으로 개인과 기업들에 치과 헬스플랜도 제공하고 있다. 2010년 유니오돈토는 2만 명 이상의 치과 의사가 참여하고 있으며 230만 명에게 서비스를 제공하고 있다.

1984년 27명의 치과 의사에 의해 설립된 유니오돈토 쿠리티바Curitiba는 현재 1,110명의 조합원이 참여하고 있으며 파라나Paraná 주에서 가장 큰 치과 의사 협동조합이다. 쿠리티바에만 5개의 사무소를 두고 있으며 5개의 이동 진료팀odontomóveis도 운영하고 있다. 210명의 직원을 두고 40만 명 이상에게 서비스를 제공하고 있다.[112]

브라질의 정신과 의사들도 협동조합을 만들기 시작한다. 유니사이코UNIPSICO는 전국 차원에서 활동하는 정신과 의사들의 협동조합이다. 브라질의 25개 도시에 있으며 20만 명 이상에게 서비스를 제공하고 있다. 간호사들의 협동조합도 있는데 이 협동조합은 병원이나 개인과 계약을 맺고 홈 케어, 신생아나 노인 케어 등의 서비스

111. Cooperative Society of Dental Services
112. '지라드 보고서', (CMHSC14), 2014.

를 제공하고 있다.

브라질에는 몇몇 사회적 협동조합도 존재하고 있으나 수가 적고 조합원 수도 많지 않다. 주로 장애인들이 참여하는 협동조합들이 운영되고 있다.

콜롬비아에서 협동조합은 중요한 의료 공급자로서 역할을 담당하고 있다. 의료 협동조합 중에서 85.7%는 공급자 협동조합이고 나머지는 소비자 또는 소비자-공급자 협동조합이다. 2012년 현재 457개의 협동조합이 의료와 사회적 케어 분야에서 활동하고 있으며 점점 더 증가 추세에 있다. 이 분야의 협동조합들은 전체 협동조합 매출의 20.6%를 차지하고 있다.

콜롬비아에서 가장 큰 의료 협동조합은 살루드쿱과 쿠메바이다. 살루드쿱은 가장 큰 의료 협동조합이자 전국에서 두 번째로 큰 회사로 25%의 인구에 서비스를 제공한다. 살루드쿱은 2013년 매출이 14.7억 달러로 전 세계 협동조합 중 300위이며 의료 협동조합 내에서는 5위에 해당하는 규모를 자랑한다.[113]

쿠메바는 1964년 3월에 27명의 의사들이 설립하여 재정과 보험 서비스를 제공, 1967년에는 모든 의료 전문가들에게 개방한다. 현재는 콜롬비아의 1,050개 지방 자치 단체에서 활동을 하고 있으며 26만 5천 명의 조합원이 쿠메바가 설립한 재정, 의료, 보험, 레크리에이션 등 다양한 분야의 16개 회사로부터 혜택을 받고 있다. 현재

---

113. World cooperative monitor. "Exploring the cooperative economy Report", 2015.

25억 달러의 자산을 보유하고 있으며 1만 4천여 명을 고용하고 있다. 콜롬비아에서 20대 대기업 중 하나이다.[114]

살루드쿱과 쿠메바가 자기 부담의 의료보험 시스템을 갖고 있다면 정부 보조로 시행되는 협동조합도 여럿 있다. 그 중 두 군데[115]는 규모가 커서 전 세계 의료 협동조합 가운데 규모 면에서 7, 8위에 해당된다.

약국 협동조합의 활동도 왕성한데 직접 약을 생산하기도 하고 도매업과 배포, 마케팅 지원, 기술지원, 신용과 보험 등을 지원하기도 한다. 가장 큰 약국 협동조합은 COPIDROGAS[116]로 1969년에 설립되었으며 현재 3,900 멤버가 속해 있으며 2013년에는 연간 7.77억 달러의 매출을 올리기도 했다. 2012년 매출 기준 전체 협동조합 중에서 두 번째 큰 규모이고, 2014년에는 전국의 기업 중에서 58번째로 높은 매출을 기록했다. 보험 협동조합인 La Equidad Seguros는 공적 보험에서 커버하지 못하고 있는 고액 비용 질환에 대한 보충적 보험 지원을 하고 있다.[117]

아르헨티나에서도 의료 협동조합 활동이 활발한데 통원 치료뿐만 아니라 치과, 안과, 응급의료, 혈액은행, 구급차, 약국, 검사실, 간호, 홈 케어까지 제공하는 서비스의 범위는 굉장히 다양하다. 협동조합들이 자신의 의료 시설을 갖고 직접 운영하는 경우도 있고 파

---

114. ICA, "A brief history of Coomeva", http://ica.coop.
115. COOPERATIVA DE SALUD Y DESARROLLO INTEGRAL ZONA SUR ORIENTAL DE CARTAGENA(7위), COOPERATIVA DE SALUD COMUNITARIA COMPARTA(8위).
116. Cooperativa Nacional de Droguistas Detallistas
117. '지라드 보고서', (CMHSC14), 2014.

트너 의료 기관과 같이 일하기도 한다. 2006년 현재 59개의 의료 또는 치과 협동조합이 있는데 일차 또는 이차로 의료 관련 활동을 하는 곳까지 다 합치면 195개에 이른다.

아르헨티나 연대의료협동조합연맹FAESS[118]은 IMFC[119]와 아르헨티나 협동조합연합COOPERAR의 공동 합의에 의해 1999년에 창립되었다. FAESS에는 현재 66개의 회원 조직이 있었는데 협동조합뿐만 아니라 공제조합과 다른 조직들도 들어가 있다.

2001년 발생한 아르헨티나 경제 위기로 인해 노동자들의 기업인 수가 증가했으며 현재 많은 병원들이 노동자 협동조합으로 운영되고 있다. FAESS 조직들은 적절한 비용으로 양질의 일차 의료, 치료, 교육 등의 서비스를 제공하고 있다. FAESS는 의료 협동조합 모델의 발전을 위해 환자들과 의사들을 연결시켜 주고 있기도 한다. 지역의 협동조합과 지자체의 지원으로 10개의 일차 의료 센터를 설립할 수 있었는데 이 센터들은 14,000명 이상의 사람들에게 의료 서비스를 제공하고 전문 의료인을 위한 60개의 일자리를 포함한 100개 이상의 일자리를 창출했다. 이들은 2000년부터 건강상의 위험을 해결하기 위해 20개 이상의 건강 캠페인을 시행하고 있다.[120]

아르헨티나에서 약국 협동조합의 역사는 1886년으로 거슬러 올라간다. 이들은 의약품의 생산, 구매, 배포 등에 두루 관여하고 있다. 코르도바약국협동조합Cooperativa Farmaceutica de Cordoba은 1926

118. Federación Argentina de Entidades de Salud Solidaria (Argentine Federation of Solidarity Health Entities)
119. Instituto Movilizador de Fondos Cooperativos
120. 아이쿱협동조합지원센터. 『세계 협동조합은 지금』 2016년 4월호.

년에 설립되었는데 현재도 활동하고 있는 가장 오래된 약국 협동조합이다. 다른 협동조합들은 대개 1950년대 후반에서 1960년대 초반에 설립되었다. 1981년 당시 46개의 약국 협동조합들이 있었는데 회원은 6,400개의 약국이었다. 현재도 활동하는 협동조합은 18개로, 회원 약국은 12,000개에 이르고 있다.[121]

칠레에는 보충적 의료보험과 서비스를 제공하는 5개의 협동조합과 하나의 약국 협동조합이 있다. SERMECOOP[122]은 1967년에 설립되었는데 조합원과 가족까지 포함해서 45,000명 이상에게 혜택을 제공하고 있다. 2009년에 설립된 약국 협동조합은 적절한 가격에 의약품을 제공하고 노인이나 장애인 등 취약 계층에게 일자리를 제공하려는 목적을 갖고 있었으나 현재는 거의 활동을 못하고 있다고 한다.

우루과이에는 2014년 현재 88개의 의료 협동조합이 있다. 레드덴티스RedDentis는 수도인 몬테비데오에 기반을 둔 치과 의사 협동조합이다. 민간 분야의 치과 의사 고용 감소 문제를 해결하기 위해 1999년 설립되었다. 레드덴티스는 양질의 일자리와 저렴하고 수준 높은 서비스를 제공하기 위해 혁신적인 경영 모델을 확립하였다. 협동조합은 조합원들에게 마케팅 지원, 질 관리뿐만 아니라 전문가 훈련과 협동조합 교육도 시행하고 있다. 현재 268명의 치과 의사가

---

121. '지라드 보고서', (CMHSC14), 2014.
122. Cooperativa de Servicios Medicos Limitada

레드덴티스 홈페이지 화면 ©reddentis.com.uy

조합원이며 매일 5천여 명의 환자를 돌본다.

　베네수엘라에서는 불충분하고 비효율적인 공공 의료와 민간 보험의 고비용에 대한 대응으로 1990년대부터 기존 다른 분야 협동조합에서 의료 서비스를 제공하게 된다. 의료 분야에서만 전문적으로 활동하는 협동조합의 유형이나 개수는 잘 알려져 있지 않다. 공중보건부에서 의료 서비스 제공자로 승인한 의료 협동조합은 두 곳이 있다. 1999년 설립된 소비자 협동조합인 SERMECOOP[123]은 현재 10만 명 이상에게 서비스를 제공하고 있다. CECOSESOLA[124]는 1967년 설립되었으며 50개 조직에 있는 20만 명의 조합원들에게 서비스를 제공하고 있다. 여기에는 70명의 의료 전문가와 행정, 다른 노동자 포함하여 전체 1,300명의 직원을 채용하고 있다.

　볼리비아에는 2003년 설립된 산타크루스Cooperativa de Salud

---

123. Servicio Médico Cooperativo
124. Central Cooperativa de Servicios Sociales

Almed Ltd 라는 협동조합이 하나 있는데 다양한 전공의 의사 73명이 모여 협동조합을 만들었다고 한다. 연결된 클리닉과 약국들은 조합원들에게 할인 가격으로 서비스를 제공하고 있다.

파라과이에는 5개의 의료 협동조합이 있는데 이 중 소비자 협동조합은 하나이고 나머지는 공급자 협동조합이다. COSAN[125]은 2001년 185명 조합원으로 설립된 소비자 의료 협동조합으로 현재 292명까지 증가하였다.

과테말라에는 일차적으로 의료 분야 사업에 전념하는 협동조합은 없다. 다만 농업 협동조합이나 신용 협동조합에서 여러 활동 중 하나로 의료 사업을 수행하는 경우는 있다.

멕시코에 의료 협동조합 자체는 몇 개 없으나, 다른 분야의 협동조합으로 의료 서비스 공급자와 전략적 제휴를 맺고 서비스를 제공하는 곳은 많다. 멕시코에서 첫 번째 의료 협동조합은 2007년 설립된 Panamédica Cooperativa de Salud이다. 의료 전문가들과 다목적 협동조합의 조합원들이 참여하여 만들게 된다. 이 협동조합의 목적은 공공 의료 기관의 서비스가 부족한 지역에 기본적인 의료 서비스를 제공하는 것이다. Cooperativa de Salud Tosepan Pajti은 2009년에 설립된 커뮤니티 소비자 의료 협동조합이다.

---

125. Cooperativa Comunitaria de Salud Naranjaty Limitada

니카라과에는 각각 2009년과 2010년에 설립된 두 개의 의료 협동조합이 있으며 둘 다 소비자 협동조합이다. María Luis Ortiz 협동조합은 농촌에서 클리닉을 운영하면서 의료 서비스와 의약품을 제공하고 있다. 그동안 36,000명 이상을 치료했는데 이외에도 주택과 화장실 건축, 종자은행 운영, 문맹 퇴치 프로그램과 보건 활동가 교육 등도 실시하고 있다.

엘살바도르에는 전문 의료 서비스 협동조합이 두 개 있는데 안과와 마취과 분야 협동조합이다. 이들은 구매와 공급 활동도 같이 한다. 사회적 케어 협동조합인 ACOGIPRI[126]은 도자기 사업장인 Shicali Cerámica에서 고용과 훈련 기회를 제공하고 있다. 노동자의 4분의 3이 청각 장애인인 이 사업장에서 나오는 제품들은 질이 좋다고 평판이 나 있으며 공정 무역 네트워크를 통해 유럽에서도 팔린다. 협동조합은 장애인 1천 명 이상을 훈련시켰고 직업 소개 서비스를 통해 많은 장애인이 정식 직장을 구할 수 있었다.

코스타리카에는 중요한 의료 협동조합이 4개 있다. COOPESALUD는 1987년에 설립되어 1988년부터 노동자협동조합으로 활동을 시작했다. 이후 1990년 COOPESAIN, 1993년 OOPESANA, 마지막으로 1999년 COOPESIBA가 설립되었다.

---

126. Asociación Cooperativa del Grupo Independiente Pro Rehabilitación Integral de R.L.

도미니카공화국에는 2010년 현재 5개의 의료 협동조합이 활동하고 있다. 조합원 수는 23,740명에 이르며 자산은 1,500만 달러 정도이다. 세그로스협동조합CoopSeguros[127]은 건강 증진에서 중요한 역할을 수행하는 보험 협동조합이다. 처음에는 국제적 지원을 받아 에이즈 교육 프로그램을 시작했다. 회원 협동조합을 통해서 35만 명에게 에이즈 예방에 관한 정보를 제공했다. 이 프로그램은 지역 조직과의 파트너십을 통해 계속 진행하고 있다.

파나마에는 1970년에 설립된 의료 협동조합이 하나 있는데 조합원 수가 1990년대 300명에서 2013년 37명으로 감소하였다.

온두라스에는 두 개의 의료 협동조합이 있으며 신용 협동조합이 조합원의 질병이나 재해에 대해 의료비를 대출해 주는 프로그램을 시행하고 있다.

아시아의 의료 협동조합

일본의 의료 협동조합은 소비자 협동조합이 대부분이며 한국도 비슷한 특성을 보이고 있다. 한국과 일본은 소비자 의료 협동조합이 가장 발달해 있는 지역인 셈이다. 인도, 네

127. Cooperativa Nacional de Seguros

팔 등 남아시아 지역도 의료 협동조합들의 활동이 활발한 편이며 동남아시아와 중동의 일부 국가에서도 의료 관련 협동조합이 활동하고 있다.

일본의 의료 협동조합 운동은 두 갈래로 전개된다. 하나는 소비자 협동조합인 생활 협동조합 운동의 큰 흐름 가운데 의료 부문의 생협운동이다. 이는 전후에 본격적으로 설립되기 시작하는데 일본생협연합회 의료부회를 구성하는 주요 멤버들이 된다. 다른 하나는 일본 농업 협동조합이 농촌 지역에서 추진한 의료 협동조합이다. 농업 협동조합에서 보건, 의료, 고령자 복지를 담당하는 조직인 후생연이 1919년부터 농촌 지역에 협동조합 병원을 설립하기 시작하는데 지금은 상당한 규모에 이르고 있다. 규모 면에서는 의료생협 의료기관들을 능가하고 있다. 둘 다 소비자 협동조합에 해당하는데 일본에서 공급자에 기반한 의료 협동조합은 존재하지 않는다. 이는 일본 의료 협동조합의 특징이기도 하다.

일본 협동조합은 1870년대부터 생겨났고 1900년에 협동조합을 관장하는 최초 입법이 이뤄졌다. 1922년에는 191개 연맹 소속 조합원이 거의 300만 명에 이르렀으나 군사 정권 아래서 협동조합 운동은 크게 위축되었다가 전후에 다시 발전하게 된다.[128]

1951년 3월, 1년 전 일본생활협동조합연맹의 총회 결의에 따라 일본생활협동조합연합회가 발족되었다. 1952년에는 국제협동조합

128. 스테파노 자마니 외, 『협동조합으로 기업하라』, 한국협동조합연구소, 북돋음, 2012.

연맹에 가입하며 1971년부터는 일본생협연합회JCCU[129]로 이름을 바꾼다. 일본생협연합회 소속 의료생협으로 전쟁 이전의 활동을 계승한 곳은 도쿄의료생협을 비롯하여 몇 군데 되지 않았다. 1947년 키타노다의료생협, 1949년 노동자클럽생협이 만들어지고 1950년대에도 여러 군데 의료생협이 새로 설립된다. 1957년에는 12개 단위 생협들이 모여 일본생협연합회 의료부회HCA[130]를 만들어 전국 규모의 발전을 향한 준비를 하게 된다.[131]

당시의 의료생협들은 네 가지 유형으로 분류할 수 있는데 첫 번째는 처음부터 협동조합 방식으로 의료기관을 개설한 경우(도토리의료협동조합), 두 번째는 개인 클리닉에서 협동조합으로 전환한 경우(츠가와 클리닉에서 츠가루의료협동조합으로 전환), 세 번째는 다른 법인에서 협동조합으로 전환한 경우, 네 번째는 다목적 소비자 협동조합에서 분리되어 나온 경우(군마소비자협동조합에서 토네의료협동조합이, 노동자클럽소비자협동조합에서 도쿄북부의료협동조합이 분리된 경우)이다.[132]

1960년대 의료부회의 정책은 원래 환자와 조합원들에 대한 의료 서비스 제공을 충실하게 하는 것이었다. 그러나 많은 협동조합들이 조합원 사이에서 반 모임을 조직하여 조합원 스스로 건강 체크 활동을 수행하고 대기나 수질 오염을 모니터하여 이로 인한 질병 발생을 막도록 독려하였다. 결국 1969년 의료부회는 반 모임을 조합

---

129. Japanese Consumers' Cooperative Union
130. Health Cooperative Association
131. 사이토 요시아키, 『현대일본생협운동소사』, 그물코, 2012.
132. Akira Kurimoto, "Access to health care services through cooperatives: Japanese cases of KOSEIREN and health coops", 2014 International Summit of Cooperatives. 이후 Akira Kurimoto, 2014로 표기.

원 참여를 고취시킬 수 있는 방법으로 인식하고 조합원들의 건강 증진 활동을 독려하는 정책을 받아들이게 된다.[133]

일본생협연합회 의료부회 소속 회원 조합이 1970년 70개에서 1980년에는 105개로 증가하고 전체 조합원 수도 33만 명에서 60만 명으로 증가하였다. 조합원 확대, 증자 운동을 펼치면서 진료소나 병원을 늘리고 규모를 키웠다. 1990년에는 조합원 수가 140만 명으로 증가한다. '소변 검사'나 '식생활 검사' 등 건강 검사 활동을 펼치면서 의료생협다운 보건 활동도 발전하게 된다.

1988년 '환자 권리장전' 제정 문제를 포함하여 첫 번 5개년 계획을 수립한다. 그 결과 1990년 의료부회 총회에서 '의료생협의 환자 권리장전'이 제안되어 1년 동안 전국에서 토의, 1991년 5월 의료부회 총회에서 확정하였다. 1992년에는 국제협동조합연맹 도쿄 총회와 연계하여 '국제의료협동조합 포럼'을 처음 개최하게 되었고 그 결과 국제의료협동조합연맹 창설로 이어지게 된다.

2000년에는 장기개호보험LTCI[134] 법의 시행에 따라 고령자 케어 서비스를 제공하기 시작하여 빠른 속도로 시설과 인력들을 확대해 나간다. 의료부회는 고령자 케어에서 협동조합 운동을 독려하고 2005년에는 '의료협동조합의 장기 요양 보호'에 대한 가이드라인을 채택한다.

의료부회는 '전국 4대 과제'(조합원 확대, 증자, 반 만들기, 활동가 육성)를 공동으로 추구하는 동시 '환자 권리장전'의 정착과 보건 활

---

133. Akira Kurimoto, 2014
134. Long-term care insurance

일본의료복지생활협동조합연합회HeW Coop과 일본생협연합회JCCU의 협력 관계[135]

동, 충실한 의료, 경영 개선 강화를 위해 노력했다. 노인 보건 4대 사업(노인 보건 시설, 방문 간호 서비스, 돌봄 지원 센터, 노인 복지 시설)과 재택 의료를 본격 전개하는 한편 공공 의료와 복지 제도의 후퇴를 막는 운동을 펼쳤다. 2005년 현황을 보면 116개의 의료생협에 조합원 250만 명, 총사업액 2,653억 엔이고 시설은 2004년 기준 병원과 진료소 431곳, 방문 간호 스테이션 233곳, 재택 지원 센터 60곳, 헬퍼 스테이션 179곳이다.[136]

2010년 의료부회는 일본생협연합회로부터 독립하여 독자적인 일본의료복지생활협동조합연합회HeW Coop[137]를 창설하게 된다. 위 그림은 둘 사이의 협력 관계를 표시한 것이다.

일본 의료 협동조합의 현황에 대해 일본의료복지협동조합연합회에서 공식적으로 발표하고 있는 자료는 [표 6]과 같다. 2012년 통계에서는 다소 변동이 있는데 111개 의료 협동조합에 283만 5천 명의 조합원, 이 중 직원이 35,111명(1.2%)이며 의사가 2,229명, 간호사 12,028명, 돌봄 종사자는 6,939명이고 77개 병원에 348개 클

135. 일본의료복지생활협동조합연합회(hew.coop)
136. 사이토 요시아키, 『현대일본생협운동소사』, 그물코, 2012.
137. Japanese Health and Welfare Cooperative Federation

리닉, 총 12,511병상을 보유하고 있다고 한다.

의료 협동조합들은 조합원들의 건강 증진을 위해 다양한 참여 프로그램들을 준비한다. 강의를 수강하고 해당 코스를 이수하고 건강 대학 과정도 끝내면 '건강 조언자'가 되어 반 모임에서 조합원들의 활동을 이끌게 된다. 반 모임에서 조합원들은 처음에는 간호사나 건강 조언자들의 도움을 받아서 간단한 기구나 장비를 이용하여 혈압 재는 방법을 배우고. 소변에서 당을 체크하고 체지방을 재고 치아 관리하는 방법들을 익혀 나간다. 그런 과정을 거쳐 조합원들은 자신의 건강에 대한 의식을 키우고 결과적으로 자신의 생활 습관들을 교정해 나가게 된다. 자기 테스트를 게을리 하면 의사와의 면담 약속이 잡힌다. 이러한 자기 모니터링 활동은 질병의 조기 진단과 조기 치료를 가능하게 한다.

때로는 조합원 자원 봉사자들이 슈퍼마켓이나 마을 시설 앞에서 건강 증진을 위한 캠페인의 일환으로 '옥외 건강 체크'를 시행하기도 한다. 예방 목적의 자발적인 활동들은 좀 더 포괄적인 건강 증진 활동으로 진화한다. '건강을 위한 7가지 습관'이라는 이름의 캠페인이 1997년부터 협동조합에 의해 이루어진다. 이 프로그램의 의도는 일상 습관을 바꿈으로써 질병의 원인들을 미리 제거하기 위한 것이다.[138]

환자 권리장전은 환자와 의료진이 따라야 하는 가이드라인이 되었다. 권리장전 내용은 (1) 질병과 치료 계획, 처방약 등에 대해 알 권리, (2) 적절한 치료 계획을 결정할 권리, (3) 환자의 사생활 권

---

138. Akira Kurimoto, 2014

[표 6] 일본 의료 협동조합의 현황[139]

	연도	2008	2009	2010
조직	회원 협동조합	117	115	111
	조합원 수 (천 명)	2,680	2,710	2,750
	출자금 (백만 엔)	69,400	71,576	73,614
자산	총 매출액 (백만 엔)	236,000	244,160	255,188
	의료 수익 (백만 엔)	46,500	20,457	53,062
	복지 수익 (백만 엔)	46,500	20,457	53,062
의료시설	병원	79	78	77
	병상	12,874	12,460	12,584
	일차 의료기관	306	299	303
	치과	43	45	46
	재택 케어 스테이션	213	201	197
요양시설	노인 요양원	16	23	23
	헬퍼 스테이션	175	184	183
	외래 재활 센터	160	166	166
	외래 요양 센터	155	161	176
직원	총직원 수 (명)	30,111	21,827	32,801
	의사	1,944	1,963	1,948
	치과의사	204	209	214
	간호인력	11,302	11,675	11,726
	약사	416	444	451
	요양	4,868	5,543	6,069
	기타	11,377	11,993	12,393

139. 일본의료복지생활협동조합연합회(hew.coop)

리, (4) 질병에 대해 그리고 예방과 치료에 대해 배울 권리, (5) 언제든지 필수적인 적절한 치료를 받은 권리, (6) 참여와 협동에 대한 책임 등의 내용을 포함한다. 협동조합들은 권리장전의 가이드라인을 실천하기 위한 다양한 방식들을 시도하게 된다.

사이타마의료생협은 일본 의료생협 중에서 가장 큰 협동조합이다. 도쿄 북쪽인 사이타마 현은 인구 288만 명으로 전국에서 가장 빠른 속도로 고령화가 진행되고 있는 반면에 의사 수는 가장 적은 편이다. 2014년 3월말 현재 사이타마의료생협은 242,098명의 조합원이 있으며 2,209명의 직원이 일하고 있다. 총 주식 자본은 6,100만 달러(약 641억 원)이며 매출액은 1억 8,900만 달러이다. 153개의 지부가 있고 1,340개의 지부 위원회가 구성되어 있다. 여기에는 4개의 병원과 8개의 진료소, 2개의 치과 진료소, 19개의 홈 케어 지원 사무실 등 33개의 시설이 있다. 4개의 병원 중 사이타마의료생협은 1978년 인구가 58만 명인 가와구치 시에 설립되었다. 현재 401병상에 18개 과가 있다.[140]

사이타마의료생협은 건강증진과 예방에 대해 관심을 기울이고 있다. 조합원들이 스스로의 건강 통계(혈압, 체지방, 걸음 수 등)를 측정하고 기록할 수 있도록 훈련하는 시스템을 갖추고 있다. 그리고 조합원들은 지역 주민들과 공동으로 연구 모임을 꾸리고 있다. 이들은 공공 시설이나 공원에서 걷기, 춤추기, 요가와 같은 신체 운동을 조직하기도 한다.

---

140. 아이쿱협동조합지원센터, 「세계 협동조합은 지금」 2016년 5월호.

사이타마의료생협 치치부 병원 ©chichibu-ch.or.jp

이런 모든 활동들은 모두에게 열려 있고 무료로 운영되고 있다.
134개의 협동조합 지부가 86개의 장소에서 573개의 이벤트를 조직
하고 있다. '세계 보건의 날'에는 거리에서 혈압과 체지방을 측정하
는 행사도 하고 '세계 금연의 날'에는 지역의 의료인들과 같이 흡연
의 위험을 알리기 위해 설문 작업과 상담을 실시한다.[141]

일본에서는 사회적 케어 협동조합도 발달해 있다. 홈 서비스를
제공하는 협동조합이 881개, 재택 케어 플랜을 제공하는 곳 586개,
방문 간호 스테이션 363개, 데이 케어 서비스 214개, 노인들의 일상
생활을 도와주는 기기 대여 서비스 218개 등이 활동한다.

일본 농업 협동조합[142]은 우리나라와는 달리 전국에 수많은 병원

141. '지라드 보고서', (CMHSC14), 2014.
142. 2011년 현재 전국의 농업 협동조합 수는 713개이며 조합원 수는 2009년 현재 958만 명에
이른다. 20세기 말에는 70%의 시장 점유율로 일본의 농업을 장악하고 농촌 지역 사회 구심 역할을
담당하고 있다.

을 직접 소유하고 운영하면서 농민들에게 직접 의료 서비스를 제공하고 있다. 일본 전국농협중앙회는 1947년 '조합원 및 지역 주민의 건강 향상과 농촌의 보건·의료·고령자 복지 사업 지원'을 통해 지역사회 발전에 이바지한다는 사명 아래 JA 전국후생연합회(후생련) National Welfare Federation of Agricultural Cooperatives를 설립하였다.[143] 일본 농업협동조합법에 기초하여 농협의 출자로 전국 각 도부현에 32개 연합회가 구성되어 있으며 보건, 의료, 고령자 복지 등의 사업을 수행한다. 이에 따라 병원, 진료소 등을 설치 운영하고 있는데 건강검진 등 보건사업, 개호 노인 보건 시설과 방문간호 등 고령자 복지 사업 등을 수행하고 있다.[144]

일본 농협이 직접적으로 의료 서비스를 제공하기 시작한 역사는 길다. 일본의 근대 의료가 19세기부터 일반의에 기초해서 발전해 오다가 여러 기관들이 병원 설립에 나서는데 주로 도시 지역에 집중된다. 제1차 세계 대전 이후 불황이 닥치면서 농촌 지역의 어려움은 극심해지는데 이런 사회적 배경에서 일본 농협이 의료 협동조합을 설립하기 시작한다. 처음 클리닉은 1919년 시마네 현 아오하라 마을에서 문을 열게 된다. 1928년에는 아오모리 의료 협동조합이 농민들을 위한 병원을 개설한다.

이후 의사들의 강력한 저항에도 불구하고 협동조합 병원과 클리닉이 전국적으로 확산, 1940년경에는 153개 농협 병원이 540만 명에게 의료 서비스를 제공하고 있었다. 2차 세계 대전 중에는 농협

---

143. 이안철, 「일본 정부 '벽지 의료보건사업'·농협 후생련」, 『농민신문』, 2013. 6.12.
144. cafe.daum.net/medicommunity

이 국가 기관으로 통합되고 농촌 지역에는 더 많은 병원과 클리닉들이 설립된다. 전후 1947년에 농업협동조합법에 의해 농협이 공인된 다음에도 계속 의료 기관들을 만들어 나간다.

2011년 현재 전국 32개 후생련 중 23개 연합회가 직접적 의료 사업을 시행하고 있으며 12개 연합회는 건강관리 사업을 시행하고 있다. 2011년 후생련은 전국에 병원 114개소, 진료소 63개소, 간호사 양성소 14개, 순회 검진차 222대를 보유하고 있으며 약 70개의 병원이 인구 5만 이하의 시정촌에서 지역 의료를 담당하고 있다. 병상 수 36,088개(병상가동률 79.2%)이며 의료 수익 7,369억 엔(입원 4,410억 엔, 외래 2,585억 엔)에 이른다. 입원 환자 1,046만 명, 외래 환자는 1,893만 명에 이르며 직원은 50,486명(의사 4,695명, 간호사 25,949명)이다. 매년 320만 명 이상의 농촌 주민이 기본 검진을 받고 있으며 49만 명은 좀 더 포괄적인 종합 검진을 받고 있다.[145]

후생련 소속 병원 중에서 가장 유명한 병원은 나가노 현에 위치한 사쿠종합병원으로 이 병원은 농촌의학의 메카로 세계적으로도 알려져 있다. 나가노 현에서도 아주 시골에 위치한 병원으로 1945년 당시 우스다 마을에 농약 중독 등 직업병 환자가 많이 발생하면서 농협이 전액을 투자해 설립한다.

현재 1천 병상 규모에 의사만 200명이 넘으며 의료용 헬기까지 갖춘 대형 병원이다. 건강 관리 센터와 노인 보건 시설도 이 병원의 전통이자 자랑거리이다. 건강 관리 센터가 생긴 것은 1973년으로

---

145. Akira Kurimoto, 2014

사쿠종합병원의 초창기 모습

농협소속 병원 안에 모두 이 센터가 설치돼 있다.[146] 이 병원은 오래 전부터 '지역 밀착형 의료'를 표방, 방문 진료를 전담하는 '지역 케어과'를 운영해왔다. 필요에 따라 안과·피부과 등 전문의도 환자 주택을 방문한다. 긴급 상황이 발생할 경우에는 헬기까지 동원하는 응급 의료 시스템을 갖추고 있어 환자들이 안심하고 자택에서 치료를 받을 수 있다.[147]

후생련과 농협의 출자로 일본문화후생련Bunkaren[148]이 1948년에 설립되었으며 현재 88개 단체가 회원으로 있다. 이 단체는 의약품 등 저렴한 가격에 공동구매, 의약품 등 적정 사용 추진 대책, 농협과 병원의 연대로 지역사회 개선 지지, 교육 연수, 정보 제공 등의

146. 유민. "농민복지의 현장" 사쿠병원(일본농업탐방:14). 서울신문. 1994. 3.6.
147. 차학봉, 「세계 최고의 老人 건강 도시」, 『조선일보』, 2014.2.24.
148. Japan Cultural and Welfare Federation of Agricultural Cooperatives

지원 역할을 담당하고 있다.

일본에서 의료 분야 협동조합 운동 관련하여 가장 자주 언급되는 인물 두 사람이 있다. 가가와 도요히코賀川豊彦와 와카츠키 토시카즈若月俊一이다. 가가와 도요히코는 일본 협동조합의 아버지라고 불릴 정도로 일본 협동조합 운동에서 빼놓을 수 없는 사람이다. 가가와는 1888년 고베에서 첩의 아들로 태어나 성장 후 신학을 공부하여 미국에서 유학한다. 귀국 후에 고베 빈민가에 들어가 살면서 본격적으로 사회운동에 뛰어든다. 노동운동에 관여하여 수차례 투옥되기도 한다.

1930대 들어 경제가 어려워지면서 서민들의 의료 사정도 악화되기 시작하자 누구보다 이들의 어려움을 몸소 체험하고 있던 가가와는 의료조합 병원을 설립하고자 마음먹게 된다. 협동조합을 반대하는 사람들과 의사회의 집요한 압력으로 우여곡절을 겪기도 하지만 마침내 1932년 5월 '도쿄의료이용조합' 설립 인가를 받게 된다. 7월에 '신쥬쿠 진료소'로 시작하여 다음해에는 현재의 위치로 이전하여 '나카노종합병원'이 설립되기에 이른다. 도쿄의 의료 협동조합 운동은 예상대로 전국으로 퍼져 나가게 된다. 가가와는 전국에 흩어져 있던 의료 협동조합들에 호소하여 '전국의료협동조합협회'를 결성하게 된다.

1934년 국민건강보험조합법안이 발표되었을 때는 협동조합보험과 건강보험조합의 연계를 주장하여 협동조합이 국민건강보험조합을 대행할 것을 주장한다. 가가와는 협동조합 운동뿐만 아니라 노동운동, 평화운동 참정권 운동 등 다양한 사회 운동에 참여하

면서 소설을 쓰기도 하였고 '우애의 경제학', '일본협동조합보험론' 등의 저서를 남기기도 하였다.[149]

와카츠키 토시카즈는 위에서 언급한 사쿠종합병원의 산 증인이다. 1910년 도쿄에서 태어난 와카츠키는 도쿄제국대한 의학부에 입학하였으나 학생운동에 참여하였다가 검거되기도 한다. 졸업 후에는 운동에 관여하였다는 이유로 도쿄대 의국에 들어갈 수가 없었다. 어렵게 도쿄대 분원에서 수련을 마치게 되는데, 1940년 배치 받은 코마츠시小松市 병원에서는 인근 전차를 만드는 공장에서 다친 사람들을 진료하면서 노동 재해에 대해 관심을 갖게 되었다.

와카츠키는 공장에서 일어난 재해를 조사하다가 1944년 1월 다시 치안유지법 위반으로 체포된다. 다행히 그 해 말 기소유예로 풀려난 후 시골의 사쿠병원을 소개받아 이 곳과 인연을 맺게 된다. 그는 병상이 20개 정도였으니 환자가 입원한 적은 없던 병원에서 혼신의 힘을 기울여 진료에 임했다. 진료뿐 아니라 예방 활동에도 심혈을 기울여 방문 진료 활동을 수행하였다. 병원에 오지 않는 농민들에게 보건 의식을 심어 주기 위해 연극으로 보여 주기도 하였는데 호응이 좋아 병원에 연극부를 만들기도 하였다.

다양한 활동으로 사쿠병원은 전국적으로 유명해지기 시작했다. 1952년에는 나가노시에서 농촌의학회 총회가 처음 열려 와카츠키가 초대 회장에 취임하였다. 나중에는 국제농촌의학회 사무총장, 회장을 역임하고 농촌의학에 기여한 공로를 인정받아 막사이사이

---

149. 와카츠키 타케유키, 「나카노종합병원」, 『꺼지지 않는 협동조합의 불꽃』, 이은선 옮김, 그믈코, 2012.

상을 수상하기도 하였다. 와카츠키와 사쿠병원의 노력에 의해 나가노 현은 장수 현으로 불리고 있다.[150]

인구가 10억을 넘는 중국의 경우 의료 협동조합의 정의를 만족하는 조직은 없는 것으로 보인다. 1980년대 초반 농촌 지역과 도시 직장 단위 코뮌 시스템이 해체된 이후에 대부분의 중국 국민들은 무보험 상태로 남아 있었다. 2003년 사스 위기와 그로 인한 사회적 안정과 경제 발전에 대한 심각한 영향을 경험하고 나서야 중국 정부는 보건 의료 개혁에 관심을 기울이게 된다. 순차적으로 세 가지 유형의 사회보험 제도를 도입하는데 그 중 하나가 농촌협동조합의 료제도RCMS[151]이다.

이름에 협동조합이라는 명칭이 들어가 있어 혼란을 주나 공적 사회보험의 하나일 뿐이다.[152] 농촌협동조합의료제도는 농촌 인구를 대상으로 한 것으로 이 시스템에서는 리스크 풀링risk pooling이 지방 정부 수준에서 이루어진다. 2012년 90%의 지방 정부가 농촌협동조합 의료제도를 시행하고 있다. 이것은 자발적 유형의 의료보험으로 2012년 중국 전체 인구의 59.5%를 커버한다.

중국도 인구 고령화 등 몇 가지 중대한 문제들이 지속되고 있는데 이런 문제를 다룸에 있어서 아시아의 이웃 국가들과는 달리 사

---

150. 와카츠키 타케유키, 「와카츠키 토시카즈와 사쿠병원」, 『꺼지지 않는 협동조합의 불꽃』, 이은선 옮김, 그룹코, 2012.
151. Rural Co-Operative Medical Scheme
152. 나머지 두 가지는 도시 직장인 의료보험 시스템 Urban Employees' Basic Medical Insurance system, UEBMI (since 1998)과 도시 주민 필수 의료보험 프로그램Urban Residents' Basic Medical Insurance programme, URBMI (since 2007)이다. 2012년 말에는 이 세 가지 주요 의료 보험 제도가 전체 중국 인구의 99%를 커버한다.

회 운동의 강한 전통이라는 이점이 없다. 기본적으로 중국 사회에는 의료 협동조합, 사회적 협동조합, 약국 협동조합 등이 존재하지 않는다고 봐야 할 것이다. 2009년 이래로 정부의 개혁은 '소유권 구조 조정을 포함하는 대담하고 혁신적인 지역 실험'이라 불리고 있지만 중국의 협동조합과 의료 시스템에 대한 현재 제도적 환경은 이러한 실험을 고무시키지 못한다. 중국의 협동조합 운동은 법적 제도적 지원이 없는 상태이다. 농업 분야에 협동조합 법이 하나 있기는 하지만 다른 사회적 요구로 확대되는 데에는 한계가 있다.[153]

말레이시아에서는 600여 명의 의사가 조합원으로 참여하고 있는 KDM이라는 이름의 공급자 협동조합이 하나 있다. 이 의사들은 자신의 클리닉을 열고 다양한 가격으로 의료 서비스를 제공하고 있다. 이 협동조합의 목적은 조합원인 의사들의 사회 경제적 이해 관계를 증진시키는 데 있다. KDM 안에는 의약품을 공동 구매해서 저렴한 가격으로 의사들에게 공급하는 의약품 부서가 따로 있다. 공급받는 약값을 낮춤으로써 제공하는 의료 비용을 낮추고 있다. 일반 협동조합과 다른 사회적 협동조합도 존재하는데 장애인을 위한 협동조합이 4개 있고 의료 서비스와 소비자 활동을 벌이는 싱글 맘 협동조합이 두 개 있다.[154]

싱가포르의 전국노동조합회의NTUC[155]는 의료비 상승에 대한

---

153. '지라드 보고서', (CMHSC14), 2014.
154. '지라드 보고서', (CMHSC14), 2014.
155. National Trade Union Council

관심이 증가함에 따라 1992년 통합의료협동조합Unity Healthcare Cooperative을 설립하는데 싱가포르에서 가장 큰 의료 협동조합이다. 현재는 의료 전문가들의 지원 아래 건강과 웰빙에 대해 커뮤니티의 참여를 독려하고 있다. 약국 50곳, 치과 클리닉 15곳 이상을 운영하고 있다. 그리고 하나의 가정의학 클리닉도 운영하고 있다. NTUC 노인 케어는 노인들 대상으로 무료 건강 검진을 시행하고 검진 센터에서는 스스로 혈압이나 체지방 등을 측정할 수 있도록 하고 있다.

2012년 설립된 굿라이프협동조합Good Life Cooperative은 의료 공급자인 의사들의 네트워크를 통해 개인 소비자 조합원들에게 특화된 의료 서비스를 할인 가격에 제공하고 있다. 민간 영역에서 일하는 전문 의사들이 참여하고 있다. 이 협동조합의 모든 조합원은 건강관리 및 건강 위험 평가를 포함하여 개인에 맞는 플랜이 제공된다. 건강 활동, 건강 정보 교환 프로그램과 함께 조합원들을 위해서 책정한 투명하고 합리적인 가격 윤리에 따른 의료 서비스 패키지를 조합원들이 이용할 수 있다.

후속 조치도 중요하게 이루어지는데, 모든 조합원들은 혈당, 혈압, 콜레스테롤 수치, 식단, 몸무게 등 건강 상태를 계속 체크해 나가면서 건강 목표를 세울 수 있도록 도움을 받는다. 원하는 조합원들은 의사, 간호사를 배정받을 수도 있다.[156] 그리고 싱가포르에는 6곳의 의료 관련 사회적 협동조합이 있다. 이들은 데이케어, 홈 케

---

156. 아이쿱협동조합지원센터. 『세계 협동조합은 지금』. 2014년 6월호.

어, 노인 케어, 재활 등의 분야에서 활동하고 있다.[157]

베트남에서는 최근에야 보건 의료 분야 협동조합이 설립된다. 아시아태평양의료협동조합기구APHCO, 일본의료복지협동조합연합회의 지원에 힘입어 여러 곳에 시범적인 조직들이 생겨났는데 현재 세 개의 의료 협동조합이 활동하고 있다. 770명 이상의 조합원이 있으며 50명 이상의 직원을 채용하고 있고 1년에 224,000명 이상에게 서비스를 제공하고 있다. 2011년 설립된 안푸옥협동조합An Phuoc cooperative은 의료 서비스뿐만 아니라 지역 사회에 일자리도 제공하고 있으며 현재는 약국 협동조합도 준비하고 있다.

민탄협동조합Minh Thanh cooperative은 경제 위기 이후에 재정적 어려움을 겪고 있다. 현재는 건강증진, 질병 예방 사업보다는 영양제 판매에 초점을 맞추고 있다. 의료 협동조합과 동시에 약국 협동조합도 설립되기 시작하여 현재 3곳이 운영되고 있다.[158]

필리핀은 NATCCO-SEDCOP라는 협동조합 네트워크가 있어 의료마이크로인슈어런스Health Micro Insurance 사업을 수행한다. 여기에는 협동조합 1,478개가 참여하고 있는데 개인은 130만 명에 이른다. 메디컬미션그룹Medical Mission Group은 청년 의사들로 하여금 가난한 사람을 위해 의료 서비스를 제공하기 위해 1982년 설립되었다. 10년이 지나서 자체 소유 병원을 열 수 있었다. 지금은 2,000여 명 가까운 의사가 자기 전문 분야에서 활동하고 있다.

---

157. '지라드 보고서', (CMHSC14), 2014.
158. '지라드 보고서', (CMHSC14), 2014.

MEDICAL MISSION GROUP HOSPITAL & HEALTH SERVICES
(BOHOL COOPERATIVE HOSPITAL)

필리핀 중부 보홀 섬에 있는 메디컬미션그룹 병원 ©facebook.com/mmgboholhospital

인도는 1904년에 최초로 협동조합 관계법인 '협동조합신용회
사법'이 설립될 정도로 역사가 길다. 1947년 독립 후에는 인도 경
제 운영 전반을 포괄하는 5개년 계획 속에 빠지지 않고 협동조합
에 대한 정책이 포함될 정도로 정부의 강력한 지원 아래 발전해 간
다. 1990~91년 경제 위기로 정부의 지원이 급감하면서 쇠퇴하다가
2002년 이후 다시 활기를 찾고 있다.[159] 현재 99%의 마을과 71%의
농촌 가구가 협동조합과 관련을 맺고 있다.

인도 협동조합연맹에 따르면 2009~10년 221개의 의료 협동조
합이 있으며 조합원 수는 155,978명이라고 한다.

카르나타카Karnataka 주에서는 기존의 협동조합과 협력하여 활
동하는 헬스플랜인 예샤스비니협동조합농부의료서비스제도[160]가

159. 한형식, 「협동조합, 인도에서 배우자」, 『프레시안』, 2013.1.22.
160. Yeshasvini Cooperative Farmers' Health Care Scheme

시행되고 있다.[161] 카르나타카 주 정부는 2002년 11월 14일 처음 협동조합 방식의 이 제도를 도입한다. 현재 협동조합 조합원이며 1년에 120루피만 내면 누구나 필요한 치료를 받을 수 있다. 이 제도의 정착을 위해 주 정부, 지역사회 협동조합들, 협동조합 은행 등이 모두 협력하였다. 주 정부는 매달 10루피의 보험료 중에서 4분의 1을 부담했다. 시설이 좋은 민간 병원들도 이 제도에 참여했는데 이게 매력으로 작용하기도 했다.

자영업여성연합SEWA[162]은 비공식적인 자영업에 종사하는 가난한 여성들을 위해 시민활동가인 엘라 바트Ela Bhatt에 의해 1972년 설립된 노동조직이다. 주 사무실은 구자라트Gujarat 주의 아메다바드Ahmedabad 시에 있으며 전국적인 네트워크를 구성하고 있다. 의료 사업은 SEWA의 중요한 프로젝트의 하나였다. 1984년 SEWA는 1년에 85루피를 부담하는 의료보험 사업을 시작했다. 1992년 이래 통합적 의료보험 프로그램인 Vimo SEWA는 조합원과 가족들에게 1인당 100루피를 받고 생명보험과 입원 보험을 제공하고 있다. 2005년 당시 13만 명이 참여하고 있었다.

네팔에서는 의료 협동조합 활동이 활발하게 이루어지고 있다. 2000년 비영리 민간단체인 공중보건컨선트러스트Phect-NEPAL[163]가 의료 협동조합을 통한 지역 사회 보건 의료 개발 프로그램을 시작하면서 의료 협동조합 설립이 이루어지기 시작한다.

161. www.yeshasvini.org
162. Self-Employed Women's Association
163. Public Health Concern Trust

1992년 가난한 사람들에게 의료 서비스를 제공하고자 했던 일단의 의사들이 티카탈Tikathal 마을에 작은 진료소를 개설한다. 그리고 1년 후에는 카트만두에 의료 센터 역할을 할 수 있는 카트만두 모델병원Kathmandu Model Hospital을 설립한다. 병원을 설립하는 한편 Phect-NEPAL은 지역 단위에서 지역 사회의 참여를 유도하기 위해 협동조합을 만들기 시작하는데 2013년 현재 3개의 병원을 운영하면서 5군데 협동조합에도 이들 병원의 서비스를 제공하고 있다. 그리고 의료정보서비스센터Health Information and Service Centre를 두고 있는데 여기서는 클리닉을 통해서 지역 사회에 마이크로인슈어런스를 제공하고 있다. Phect-NEPAL은 이차, 삼차 의료 서비스도 제공하고 있다.[164][165]

이 중 하나인 여성의료협동조합Women's Health Cooperative은 모델이 되고 있는 협동조합으로 처음 25명으로 시작해서 300명까지 증가하였다. 가족 단위로 가입이 되는데, 여기서는 공립 병원보다 훨씬 더 꼼꼼하게 진료를 보며 질병의 예방과 건강 증진에 대해서도 충분히 관심을 갖고 진료를 본다고 한다. 협동조합에서는 중등학교를 운영하면서 학생들의 건강 검진도 정기적으로 시행하고 필요하면 약도 무료로 제공하고 있다.

네팔의료협동조합NEHCO[166]은 2006년에 설립되었으며 현재 네팔에서 가장 큰 의료 협동조합이다. 당시 네팔은 아이들이 21명 당 1명꼴로 출생 후 12개월을 넘기지 못하고, 16명당 1명꼴로 5세를

164. ILO, "In Nepal, micro-insurance helps the poor cope with health needs", www.ilo.org
165. '지라드 보고서', (CMHSC14), 2014.
166. Nepal Health Care Co-operative

넘기지 못하고 사망하는 게 현실이었다. 이 협동조합은 처음에 5명의 의사와 5명의 간호사를 포함한 의료 전문가들, 기업인들, 사회사업가들 모두 28명으로 시작해서 현재는 2,100명의 조합원에 직원은 270여 명에 이르고 있다.

설립 목적은 취약 계층에 의료 서비스를 제공하고, 국가적으로 의학 트레이닝 수준을 향상시키기 위해 의학 교육 프로그램을 운영하는 것이다. 협동조합의 첫 사업으로 400명의 설립 기부자로부터 자금을 모아 2006년 처음 카트만두에 100병상의 만모한기념커뮤니티병원[167]을 설립하였다. 현재는 900병상의 교육 병원을 건설 중이다. 그리고 2006년에 만모한기념의료재단을, 2008년에는 만모한기념신용협동조합을 그리고 2012년 네팔에서는 처음으로 협동조합 의과대학인 만모한기념의과대학도 설립하였고 장래에 협동조합 방식으로 일반 대학도 설립할 계획을 갖고 있다.

네팔의료협동조합 조합원은 협동조합 병원을 이용하는 경우 20% 의료비 할인 혜택을 받으며 매년 종합검진도 30% 할인 혜택을 받는다. 조합원의 아이들이 계열 학교나 기관에서 교육을 받을 경우 교육비 10%를 할인해 주고 있다. 중병이거나 재해 사망의 경우도 지원 혜택이 있다.[168] [169]

스리랑카는 의료협동조합을 기술하면서 병원협동조합hospital cooperative societies이라는 개념을 사용하고 있다. 6개의 병원 협동조

---

167. Manmohan Memorial Community Hospital
168. '지라드 보고서', (CMHSC14), 2014.
169. ICA. Hospitals and Health Training for Nepal. http://ica.coop

Phect-NEPAL의 카트만두모델병원 ©facebook.com/PublicHealthConcernTrustNepal

합이 총 12,490명의 조합원을 가지고 있다고 알려져 있다. 스리랑카의 의료 협동조합은 소비자 및 농업 협동조합 조합원들에게 의료 서비스를 제공하기 위해 사업체를 별도로 설립한 경우들이 있다.[170]

터키에서는 약국 협동조합이 발달해 있다. 1970년대 후반 경제 상황이 어려웠을 때 터키의 약국들은 해외에 의존할 수밖에 없었다. 상업적 도매상들은 제멋대로 외국 통화만 받아 약국들은 의약품 가격을 인상하거나 약국 문을 닫아야 할 위기에 처하게 되는데 이를 타개하기 위해 협동조합을 만들게 되었다. 1989년 창립된 전국약사협동조합연맹TEKB[171]은 전국에 있는 약국 협동조합들의 연맹체이다. 전국에 있는 13,000곳의 약국들이 참여하고 있으며 40,000여 명의 직원을 고용하고 있다.[172]

170. ILO ICA(2014), 『협동조합과 지속가능발전 : 포스트 2015 논의에 대한 기여』
171. Association of All Pharmacists Cooperatives
172. ILO ICA(2014), 『협동조합과 지속가능발전 : 포스트 2015 논의에 대한 기여』

셰퍼드필드병원의 전경 ©shhospital.org.ps

　팔레스타인 베이트사호르Beit Sahour 의료 복지 협동조합은 베들레헴 지역의 주민들에게 의료 서비스를 제공하면서 협동조합의 원칙에 따라 의료 복지 시스템의 발전을 추구하기 위해 1959년 설립되었다. 협동조합은 셰퍼드필드병원Shepherd's Field Hospital을 소유하고 있는데 이 병원은 작은 수술실과 18병상의 여성 병동, 외래 진료실, 24시간 운영하는 작은 수술실, 진단검사실, 약국 등이 있다. 200가구 1천 명 정도가 조합원이며 연간 대략 135 달러의 등록비와 1인당 매월 1.3 달러의 비용을 받는다. 그 대가로 조합원들은 무료로 진료를 받고 수술이나 검사, 처방 약의 경우 40%만 지불한다.

　사실 이 협동조합은 민간 분야에 비해 50%정도 저렴하다. 이 지역에 있는 의료 공급자 중에서 다수가 참여하고 있다. 이 협동조합은 지역사회, 국가, 해외로부터의 후원금으로 가난한 가정에도 저비용과 높은 질의 의료 서비스를 제공하고 있다. 이 협동조합은 수년에 걸쳐 가톨릭교회의 비영리 단체들과 일본 정부를 포함하는 다른 조직들로부터 지원을 받아 왔다.

　이란의 의료 협동조합은 기존의 공공 헬스 센터에서 전환한 경우가 많다고 한다. 이 과정은 동부 아제르바이잔East Azerbaijan 지역에서 시작되었으며 현재까지 최소 9개의 협동조합 헬스 센터CHC들이 설립되어 있다. 각각의 협동조합은 9천에서 만 7천여 명의 주민을 담당하고 있다.

호주와 뉴질랜드의 의료 협동조합

　　　　　　　　　호주에는 현재 두 개의 의료 협동조합과 15개 비영리 의료 공제조합이 있다. 그리고 30개의 약국 협동조합과 9개의 협동조합 병원이 존재하는데 4개 병원은 민간 병원이고 5개는 공공 병원이다. 호주에서 첫 번째 의료 협동조합은 웨스트게이트Westgate 의료 협동조합으로 1980년 설립되었으며 나중에 이름을 내셔널National 의료 협동조합으로 변경한다. 2013년 8,000명 이상의 조합원에 2개의 센터를 운영하고 있으며 의사 포함하여 30명 이상의 직원을 고용하고 있다.

　호주에서 사회적 협동조합은 빠른 속도로 성장하고 있는데 일차 의료, 홈 케어, 노인 케어, 장애인 지원, 지역사회 지원 등 다양한 서비스를 지원하고 있다. 호주에 독특한 사회적 협동조합 유형 중 하나는 원주민 의료 서비스 협동조합들이다. 이 협동조합들은 1970년대 초반부터 나타나기 시작한다. 40년 전에 원주민들은 비원주민

프린트장애인을위한라디오협동조합의 로고 ©rph.org.au

에 비해 건강 문제가 더 많았음에도 불구하고 실제 의료 이용은 제한이 많았다. 이들은 원주민 커뮤니티에 다양한 전문 서비스를 저렴하게 이용할 수 있도록 지원하고 있다.

또 다른 독특한 협동조합은 프린트장애인을위한라디오협동조합 RPH[173]이다. 이 협동조합은 1979년에 설립되었는데 보지를 못하거나 손을 움직이지 못하거나 아니면 문자를 몰라서 종이책을 읽지 못하는 사람들을 위해서 라디오를 통해 읽어 주는 서비스를 제공하는 협동조합이다. 전국적으로 7개 지역의 방송국을 통해 하루에 17시간 서비스를 제공한다.

의료 협동조합이 아닌 사회적 협동조합으로 분류되는 곳으로 의사들이 가정을 방문하는 왕진 진료 또는 정규 시간 외에 급성기 질병 치료 서비스를 제공하는 곳도 있다.

뉴질랜드에는 두 개의 의료 협동조합이 있다. 1986년 설립된 시티메디컬City Medical Ltd은 네이피어Napier, 타라달Taradale 지역 40명

---

173. Radio for the Print Handicapped Co-operative

네이피어 지역의 시티메디컬 ©citymedicalnapier.co.nz

이상의 의사들이 소유하면서 운영하고 있다. 협동조합은 급성기 질환 치료뿐만 아니라 건강 검진, 예방접종, 소수술 등의 서비스도 제공하고 있는데 1년에 35,000명 정도 환자를 본다.

1987년 설립된 앵글시클리닉엑시던트앤메디컬Anglesea Clinic Accident and Medical Ltd는 다양한 전문 서비스를 제공하고 있다고 한다. 뉴질랜드에서는 의료 협동조합보다는 약국 협동조합의 역사가 더 길고 발달해 있다. 현재 네 개의 협동조합이 존재하는데 가장 일찍 생긴 협동조합은 1927년 설립된 생산자 협동조합인 CDC제약으로 개별 약국 소유자인 약사 조합원들 대상으로 도매업을 하고 있다. 1978년 두 개의 다른 생산자 협동조합으로 약국 협동조합들[174]이 설립되었다. 마지막에는 Health 2000이 1993년 설립되었는데 82개의 약국이 전국에 퍼져 있다.[175]

---

174. Pharmacy Wholesalers (Central) Ltd. Pharmacy Wholesalers (Bay of Plenty) Ltd.
175. '지라드 보고서', (CMHSC14), 2014.

아프리카의
의료 협동조합

　　　　　아프리카에서도 협동조합은 각광받는 사회 경제적 조직의 하나이다. 주로 커피 생산과 같은 농업 분야에서의 협동조합 활동이 두드러지고 있다. 반면 아프리카에서 의료 협동조합의 활동은 미미하다. 의료 활동을 위한 기본 인프라가 취약한 상황에서 이를 기반으로 한 협동조합의 활동도 그만큼 위축될 수밖에 없다. 최근에는 의료 협동조합의 활성화를 위한 시도들이 조금씩 이루어지고 있다. 2016년 5월 30일부터 31일 양일간에 걸쳐 카메룬에서 '아프리카에서 의료 협동조합에 관한 국제 세미나'가 처음으로 개최되기도 하였다. 이 회의 주제는 아프리카에서 지속가능 개발 어젠다 중 세 번째 목표를 달성하기 위한 전략으로서 의료 협동조합의 활성화에 관한 것이었다.[176]

　아프리카에서 의료 협동조합이 활성화되지 못한 이유 중 하나는 일부 국가에서 협동조합이 마이크로인슈어런스에 참여를 하지 못하도록 한 법적 조치들 때문이다.

　아프리카에서는 오히려 공제 의료 기구가 더 중요한 역할을 담당하는 경우가 있다. 공제 의료 기구가 특정 인구 집단에게는 필수 의료 서비스에 대한 헬스플랜을 제공하는 유일한 조직인 경우도 있다. 대표적인 경우가 르완다의 사례이다. 의료 공제 기구는 1990년대 주로 프랑스어권 아프리카 나라들에 도입되었는데 이는 프랑스

176. IHCO, "Health cooperatives: a strategy for achieving the third goal of Africa's sustainable development agenda", 2016.9.15.

에서 활발한 공제조합의 영향을 받은 바 크다. 이 즈음 아프리카에서 의료 분야가 위기를 겪고 있을 때였는데 서부와 중부 아프리카에 있는 나라 대부분이 유럽 국가들로부터 기술적 재정적 지원을 받았다.

커피 협동조합과 같은 다른 분야 협동조합이 조합원들을 위해 일부 의료 서비스를 제공하기도 하며 외국의 의료 관련 협동조합들이 아프리카에서 협동조합 설립을 위해 지원하는 사례들도 있다.

남아프리카공화국에서는 인구의 18%만이 민간 의료 체계에 속해 있다. 이 영역은 의료 질이 높으나 비용이 비싸 아무나 이용할 수 있는 형편이 되지 않는다. 나머지 인구는 주로 공공 의료를 이용하게 되는데 공공 병원이나 진료소는 인력이 부족하고 장비도 모자라 의료 질이 민간 병원에 비해 낮은 편이다. 주로 가난한 사람들이 이용하고 있다. 이러한 상황에서 떠오르고 있는 것이 비영리 협동조합 의료 모델[177]이다. 협동조합은 다른 민간 영리 병원에 비해 더 저렴한 것으로 보고되고 있다.[178]

현재 의료와 사회적 케어 분야에서 최소 113개의 협동조합이 활동하고 있는 것으로 알려져 있다. 그 중에서 대표적인 것은 1995년에 설립된 남아프리카의료협동조합SAMCC[179]이다. 이 협동조합에는 3,500명의 의사가 참여하고 있으며 일반 개원 의사 전국 네트워크의 일부로도 활동하고 있다.

---

177. Cooperative Health Care (CHC) model
178. IHCO, "Are health co-operatives feasible in South Africa?", 2015.3.12.(ihco.coop)
179. South African Medical Care Co-operative

베냉은 인구 1천만 명의 서부 아프리카 국가로 2000년에는 경제 활동 인구의 5%만이 의료 보장을 받고 있다. 2011년 외부 지원으로 보편적 의료 보장을 시작했다. 현재 의료 보장이 77%까지 올랐으나 실제 이용률은 44% 정도로 낮다. CCCB[180]는 1992년 유엔개발계획과 세계보건기구 기금으로 설립되었는데 9개의 클리닉으로 구성된 공급자 협동조합으로 현재는 모두 조합원인 200명의 의료 공급자들을 고용하고 있으며 매년 5만 명 정도가 협동조합의 의료 시설을 이용하고 있다. 베냉에서는 범아프리카협동조합컨퍼런스CPC[181]의 프로그램에 의해 클리닉의료협동조합CHC[182]을 육성하고 있는데 2014년에 베냉에는 9개의 CHC가 있다.

우간다의 사례는 국제 협력의 사례를 보여주는 좋은 예이다. 미국에 기반을 둔 낙농협동조합인 Land O'Lakes는 1994년부터 우간다의 낙농협동조합 설립을 지원해 왔다. Land O'Lakes는 우간다의 의료 문제를 협동조합으로 방식으로 해결할 수 있는 방안을 모색하기 위해 미네소타 주에서 활동하고 있는 거대 의료 협동조합인 헬스파트너스에 협력을 요청하게 되는데 두 협동조합의 도움으로 1997년 우간다의료협동조합UHC[183]이 설립된다.

처음에는 낙농 협동조합과 같이 일을 했으나 나중에는 커피 협동조합, 마이크로파이낸스 그룹, 학교 등으로 대상을 확대한다.

---

180. Collectif des cliniques coopératives de santé du Bénin
181. Cooperative Pan-African Conference
182. Clinic health cooperatives
183. Uganda Health Cooperative

우간다의료협동조합 로고가 새겨진 가방을 매고 있는 마을 보건팀의 일원
©healthpartners.com

2003년에는 산모들의 요구에 부응하기 위해 산모들이 조합원으로 참여하는 협동조합을 설립하기 위한 마마쿱Mama Coop 프로젝트가 시작된다. 이 프로젝트는 헬스파트너스가 우간다의 다른 지역에서 시행했던 사업 모델에 기초해 시작되었다.[184] 이외에도 우간다의료협동조합은 말라리아 퇴치 사업과 같은 다양한 보건 사업을 시행하며 마을 보건팀 육성 프로그램도 진행하고 있다.

르완다에서는 인구의 90%가 공제 의료 기구의 수혜 대상이다. 이는 세계보건기구가 꿈꾸던 보편적 의료 보장 전략에서 공제 의료 기구들이 포괄적인 파트너로서 역할을 할 수도 있다는 확고한 증거이다.[185] 이는 헬스플랜의 제공에서 보편적 의료 보장과 멤버십 기반 조직들의 적극적인 참여 사이에 모순의 여지가 없다는 사실을

184. '지라드 보고서', (CMHSC14), 2014.
185. '지라드 보고서', LPS Productions, 2014.

보여준다.

부르키나파소는 188개의 공제 의료 기구가 활동하고 있는데 이들의 회원은 103,373명이며 256,015명이 혜택을 얻고 있다. 공제 의료 기구에 가입하는 가장 중요한 이유는 서비스(의료 질과 지리적 접근성)를 위한 재정을 얻을 수 있다는 점 때문이다.

말리의 경우 2011년 국제노동기구 보고서는 공제 의료 기구의 역할에 대해 언급한 바 있다. 말리에는 80개의 공제 의료 기구들이 있고, 이들은 UTM[186]이라는 이름으로 우산 조직을 형성하고 있으며 마을 단위에서 5,200명에 이르는 수혜자, 9개 주요 마을에 60,000명의 수혜자가 있다고 한다.

콩고민주공화국에도 몇 개의 공제 의료기구 조직이 있다고 한다. 2012년 콩고의 수도에 Tosungana-Lisanga in Kinshasa사가 설립되었다는 보고가 있으며 설립 후 6개월 만에 회원이 이미 1,219명에 이르렀고 이들은 지원 조직으로 보이는 the Centre général d'accompagnement desmutuelles de santé을 통해 혜택을 받고 있었다.

다른 분야의 협동조합들이 조합원 대상으로 의료 서비스를 제공

---

186. Union Technique de la Mutualité Malienne.

하기도 한다. 에티오피아의 오로미아Oromia 커피농민협동조합연맹, 가나의 쿠아파코쿠Kuapa Kokoo Ltd., 남아프리카공화국의 하이벨드Heiveld 협동조합 등 아프리카에서 공정 무역 사업을 하는 협동조합들은 종종 오지 주민들에게 의료 서비스를 지원하는 데 공정 무역 기금을 사용하기도 한다. 케냐, 남아프리카공화국, 탄자니아, 레소토, 스와질랜드 등에서는 협동조합이 에이즈 환자 재택 돌봄 서비스를 제공하고 있다.[187]

의료 협동조합의 경제적 성과

　　　　　　　세계적으로 규모가 큰 협동조합들의 경제적 성과는 세계협동조합모니터World Co-operative Monitor[188]를 통해 확인할 수 있다. 의료와 사회적 케어 분야에서 활동하는 협동조합의 경우도 마찬가지인데 이들의 경제적 성과도 적지 않다. 의료와 사회적 케어 분야에서 가장 큰 세계 10대 협동조합의 총매출은 336.8억 달러에 이르며 10대 협동조합의 평균 매출은 33.7억 달러 정도이다.[189]

　의료 관련 세계 10대 협동조합의 개별 매출액은 [표 7]과 같다. 브라질의 유니메드가 2013년 기준 연 매출이 194.6억 달러로 매출로만 따지면 세계에서 가장 큰 의료 협동조합이다. 다음은 미국의

187. ILO ICA(2014), 「협동조합과 지속가능발전 : 포스트 2015 논의에 대한 기여」
188. 2015년 보고서는 홈페이지(http://monitor.coop)에서 바로 다운받을 수 있다.
189. World cooperative monitor, "Exploring the cooperative economy Report 2015".

[표 7] 매출에 따른 의료와 사회적 케어 분야 10대 협동조합[190]

2013년 순위	2012년 순위	협동조합		국가	2013년 매출 (억 달러)
1	–	유니메드		브라질	194.6
2	1	헬스파트너스		미국	52.5
3	2	그룹헬스협동조합		미국	36.6
4	3	에스프리우재단		스페인	20.0
5	–	살루드쿱		콜롬비아	14.7
6	7	INTERCOMMUNALE DE SANTE PUBLIQUE DU PAYS DE CHARLEROI(COOSALUD)		벨기에	5.5
7	8	COOPERATIVA DE SALUD Y DESARROLLO INTEGRAL ZONA SUR ORIENTAL DE CARTAGENA		콜롬비아	4.4
8	–	COOPERATIVA DE SALUD COMUNITARIA COMPARTA		콜롬비아	4.2
9	–	INTERCOMMUNALE DE SOINS SPECIALISES DE LIEG		벨기에	2.4
10	10	CENTRE HOSPITALIER UNIVERSITAIRE ET PSYCHIATRIQUE DE MONS-BORINAGE		벨기에	2.2

헬스파트너스와 그룹헬스협동조합이다. 그리고 스페인의 에스프리
우재단과 콜롬비아의 살루드쿱도 매출 기준 세계 5대 의료 협동조
합에 들어간다.

　매출액 기준 전 세계 300대 협동조합들의 성적을 매겨 보면 5대
의료협동조합 중에서 유니메드가 전체 중에서 30위를 차지하고 있
고, 헬스파트너스는 110위, 그룹헬스협동조합은 147위, 에스프리우
재단은 231위, 살루드쿱은 300위에 해당된다.

　세계 10대 의료 협동조합 중 위에 설명한 5대 협동조합 제
외하고 나머지 6~10위는 벨기에 3곳, 콜롬비아 2곳이 차지하

190. World cooperative monitor, "Exploring the cooperative economy Report 2015"

고 있다. 이들은 정부 또는 공공 기관의 지원으로 운영되고 있어 재정 규모가 그만큼 큰 것으로 보인다. 벨기에의 경우 명칭에 intercommunal라고 되어 있는 협동조합은 시cities나 기관들이 공공 사회 서비스를 제공하기 위해 직접 설립한 협동조합을 의미하는데 전국에 10곳이 있다고 한다. 이 중 하나인 de Santé Publique du Pays de Charleroi는 매출 기준 6위를 차지하고 있는데 공공병원 하나와 3개의 클리닉, 데이케어 센터, 요양원, 청소년 센터 각 하나씩을 운영하고 있다. 7, 8위에 해당하는 콜롬비아의 협동조합들도 정부의 지원으로 운영되는 곳들이다.

의료 협동조합의 국제적 연대

　　　　　　　　전 세계 협동조합들을 대표하는 명실상부한 단체는 국제협동조합연맹이다. 이 단체는 1895년 8월에 런던에서 창립총회를 개최했는데 당시 13개국에서 온 200여 대표자들이 참여했다. 세계 대전으로 인해 회원국 간에 갈등이 있었고 공산

권의 소비에트 조합 참여 문제로 분열을 겪기도 하였다. 1930년대 유럽에서 파시스트 정부가 들어서면서 협동조합 운동은 위축된다. 1982년 국제협동조합연맹은 사무소를 런던에서 제네바로 옮기고 성장이 사실상 멈춘 가난한 나라들의 협동조합 발전을 위한 특별기금을 구상하기 시작한다. 연맹은 각 부문과 지역별로 하부 조직을 갖추고 세계 협동조합 운동의 핵심적인 대표 역할을 수행하고 있다.[191]

전체적으로 10억 명의 사람들이 조합원으로서 또는 고객으로서, 직원으로서 어떤 방식으로든 협동조합에 참여한다. 세계 인구의 절반에 가까운 이들의 생계가 협동조합 사업체로 보장받고 있는 것으로 추정된다. 세계 최대 규모의 협동조합 사업체 300개의 매출을 합하면 1.6조 달러에 달하는데 이는 세계 9위 경제 규모인 스페인에 비교할 만하다.[192]

국제협동조합연맹은 1988년 스톡홀름대회에서 창립 100주년이 되는 1995년을 '세계 협동조합의 해'[193]로 지정하자는 결의를 채택하였지만 실현되지 못하고 대신 유엔은 1995년 특별 결의로 국제협동조합연맹의 '세계 협동조합의 날'인 매년 7월 첫째 주 토요일을 유엔 세계 협동조합의 날로 지정하게 된다. 2007년 몽골 정부가 유엔 사무총장에게 세계 협동조합의 해의 필요성과 실현 가능성을 평가하도록 제안한 것이 계기가 되어 유엔은 각국 정부 및 협동조합을 상대로 설문조사를 하였는데 이를 지지한다는 답이 압도적으로 나온다.

---

191. 스테파노 자마니 외, 『협동조합으로 기업하라』, 한국협동조합연구소, 북돋움, 2012.
192. ILO ICA(2014), 『협동조합과 지속가능발전 : 포스트 2015 논의에 대한 기여』
193. The International Year of Co-operatives: IYC

그 결과 2009년 12월 18일에 열린 유엔 총회에서 13개국이 2012년을 세계 협동조합의 해로 선언하는 '사회 개발에 있어 협동조합'이라는 제목의 결의를 제안하였고 만장일치로 채택하게 되었다.[194] 오늘날 국제협동조합연맹에는 전 세계 91개국의 227개 협동조합연합체가 참여하고 있다. 전체 협동조합 현황을 보면 협동조합이 가장 강한 나라는 핀란드, 스웨덴, 아일랜드 및 캐나다인데 이들 국가에서는 인구의 절반이 조합원이다. 국민 소득에서 협동조합이 차지하는 비중이 가장 큰 나라는 핀란드, 뉴질랜드, 스위스, 네덜란드 및 노르웨이 등이다.

국제협동조합연맹에는 15개에 이르는 다양한 전문 분야 기구들이 있는데 국제의료협동조합연맹IHCO[195]은 보건과 사회적 케어 분야의 전문화된 부서이다. 전 세계의 의료 협동조합들의 국제적인 연대 활동은 다른 분야에 비해 늦게 시작되었다.

1992년 일본 도쿄에서 제1차 세계 의료 협동조합 포럼을 개최하면서 국제적인 교류가 본격화되었다. 이 포럼에는 스페인, 스웨덴, 미국, 브라질, 파나마, 인도, 스리랑카, 말레이시아, 일본 등의 나라에서 13개 조직의 대표들의 참여하였다. 제2차 포럼은 1995년 영국의 맨체스터에서 열렸다.

1996년 1월 국제의료협동조합연맹 제1차 총회에서는 카토 쇼지 일본의료생협연합회 의료부회 운영위원장(일본생협연합회 이사)이 초

---

194. ICA Digest, "Preliminary Report on Consumer Co-operatives' Proposition for the International Year".
195. International Health Cooperative Organization

국제의료협동조합연맹의 로고

대 의장을 맡게 된다.[196] 국제의료협동조합연맹은 국제협동조합연맹의 대의원회 30차 포럼에서 부문 기관의 하나로 인정받게 된다. 국제의료협동조합연맹은 전 세계에 5천여 개 의료 협동조합이 활동 중이고 이를 통해 1억 가구 이상에게 의료 서비스를 제공하는 것으로 추정하고 있다.

국제협동조합연맹의 아시아태평양 지부는 1994년 스리랑카 콜롬보에서 처음 열린 이래로 2차는 1996년 봄베이에서 개최되었다. 1997년에는 네팔에서 아시아태평양의료협동조합기구APHCO[197]가 공식 창립되었다. 아프리카에 있는 10여개의 의료 협동조합은 공식적으로 CCCS라는 연합회를 구성하여 활동하고 있다.

협동조합과 협동조합 운동이 밀레니엄 개발목표의 실행에 실질적으로 기여했던 것처럼 지속가능 개발목표 설계와 실행을 도울 수 있는 풍부한 경험도 공유하고 있다. 사실 협동조합이 밀레니엄 개발목표 설계와 실행에 적극적으로 참여하지 않았음에도 그 목표를 현실화하는 데 상당히 기여한 바 있다. 포스트 2015 개발 의제가 상당 부분 밀레니엄 개발목표의 성과에 기대고 있기 때문에, 협동조

196. 사이토 요시아키, 『현대일본생협운동소사』, 그물코, 2012.
197. Asia-Pacific Health Co-operative Organization

합의 역할도 강조할 필요가 있을 것이다. 지속성을 위해서뿐만 아니라 향후 미래의 개발 의제를 설계하는 데서 협동조합의 역할을 제대로 반영한다면 지속가능 개발목표 현실화를 향한 과정에서 도움이 될 것이다.[198]

국제협동조합연맹 부문 기관 간 연대 활동도 활발하다. 국제노동자협동조합연맹CICOPA과 국제의료협동조합연맹이 공동으로 "사회적 필요, 협동조합적 해답Social needs, cooperative answer"이라는 제목 아래 지역사회 서비스 특화 캠페인을 시작하고 이에 대한 인식 증진과 교육 등에 나서고 있다. 이 캠페인은 2013년 국제협동조합연맹 남아프리카공화국 총회에서 진행된 워크숍에 이어 진행되는 것으로 2020년까지 진행되는 "협동조합 10년 청사진"의 요청에 답하는 것이기도 하다.

국제적 협력은 이미 존재하는 협동조합이나 비정부기구, 국제 개발이나 국제 조직을 담당하는 정부 기구 등에 의해서 발의되기도 한다. 여기에 몇 가지 사례를 제시한다.

• 일본의료복지협동조합연맹HeW은 여러 해 동안 아시아태평양 지역 네팔, 스리랑카, 몽골 등에서 병원이나 치과 진료소를 지원하였고 아시아태평양의료협동조합기구에 활력을 부여하는 데 적극적이었다.

• 미국에 있는 의료 협동조합 헬스파트너스는 우간다에서 의료 협동조합의 발전을 위해 헌신하였다. 최근에는 빌과멜린다게이츠재단과 다른 파트너로부터 상당한 기금을 확보하기도 하였다.

198. ILO ICA(2014), 『협동조합과 지속가능발전 : 포스트 2015 논의에 대한 기여』

• 미국 전국협동조합비지니스연합회National Cooperative Business Association의 국제 프로그램인 CLUSA는 케냐에서 적극적으로 활동하고 있다. 의료 협의회들을 구성하고, 지역사회 헬스플랜을 개발하고, 지역사회 의료 인력들을 교육하는 등 다양한 방식으로 일하고 있다. 이러한 활동들이 백만 명 정도의 주민들에게 영향을 미친 것으로 평가된다.

• 스페인의 에스프리우재단은 르완다의 넴바병원Nemba Hospital, 챠드의 가운디병원Goundy Hospital, 기니의 바타병원Bata Hospital, 모로코의 사함진단센터Saham diagnostic centres 등 여러 프로젝트에 참여하고 있다. 이들 병원이나 센터가 협동조합이 아님에도 불구하고 실행, 협력 기금, 관리, 장비, 직원 고용, 시설 건축 등에서 에스프리우 조직으로부터 지원을 받고 있다.

• 스위스 개발협력청은 르완다에서 공제 의료 기구를 포함하여 45개 파트너 의료 시설에 대한 직접 지원을 제공하는 프로그램을 지원하고 있다.

• 3명의 캐나다 목사들에 의해 1969년 2월 14일 설립된 사그리다파밀리아 협동조합Cooperativa Sagrada Familia은 온두라스에서 가장 큰 신용 협동조합이 되었다. 더 중요한 것은 이들이 의료 분야에서는 적극적으로 참여하고 있다는 점이다.

• 스페인의 미주개발은행[199] 등은 엘살바도르에서 사회적 케어 협동조합 하나를 지원하고 있다. 이 협동조합은 청력과 시력 장애를 가진 청년들과 일하고 있다.

• 세계은행은 과테말라 지역애서 의료 서비스를 제공하는 신용 협동조합

---

199. Confederación Española de Personas con Discapacidad Física y Ogánica (InterAmerican Development bank, COCEMFE)

인 COTONEB을 지원했다.

• 캐나다의 비정부기구인 SOCODEVI는 말리의 공제 의료 기구와 페루의 다목적 협동조합인 SERVIPERÚ를 지원하고 있다. SERVIPERÚ는 헬스플랜 패키지와 의료 서비스를 제공하고 있다.

• 유엔개발계획과 세계보건기구는 1990년대 베냉의 의료 협동조합에 대해 창업 자금을 지원했다.

• Louvain Coopération[200], SOS Médecin[201]는 부룬디에서 공제 의료 기구와 같이 활동하고 있다.

• 독일국제개발청GIZ[202]은 카메룬의 공제 의료 기구를 지원하고 있다.

• CIDR[203]는 기니에서 공제 의료 기구와 같이 일하고 있다.

• 국제노동기구는 여러 해 동안 STEP 프로그램을 통해 공제 의료 기구의 활성화를 위해 많은 노력들을 기울여 왔다.

• 캐나다 퀘벡에 기반을 둔 비정부 기구로 가톨릭 신부들에 의해 40년 전에 설립된 CSI[204]라는 단체는 퀘벡의 병원들로부터 장비나 의료 재료들을 기부 받아서 전 세계에 이를 필요로 하는 곳에 배포하고 있다. 2013년에는 20개국에 39개 컨테이너 분량을 지원하였다. 더욱이 CSI는 의약품도 지원하고 있는데 이들은 네덜란드의 IDA 재단으로부터 저렴한 비용으로 복제 약을 구입하고 있다. 운송된 의약품은 재산 목록에 오르게 되고 이를 팔아서 얻는 수익으로 지속적인 약국 서비스를 위한 운전 자금을 충당할 수 있게 된다.

---

200. 벨기에의 NGO
201. 국제 NGO
202. German international development agency
203. The Centre International de Développement et de Recherche, 프랑스의 NGO
204. CollaborationSanté Internationale

5장 우리나라 의료 협동조합의 역사와 현황

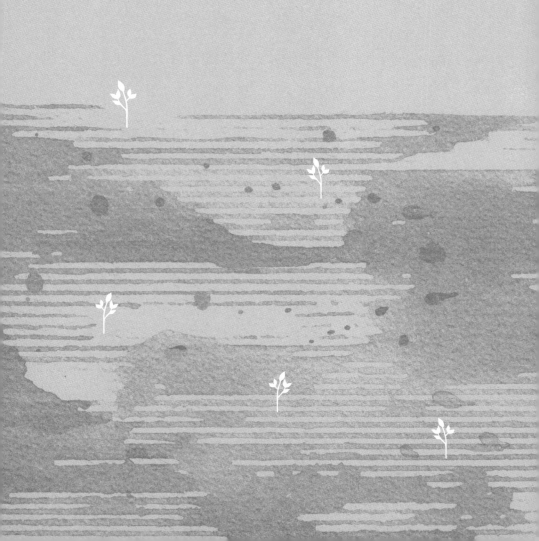

우리나라 협동조합 운동은 일제 강점기까지로 거슬러 올라간다. 당시 의료 관련 협동조합들이 독자적으로 활동하지는 않고 다른 협동조합 활동의 일환으로 의료 서비스를 제공하는 방식으로 이루어진 것으로 보인다.

일제 강점기 말기에 총독부의 폭압 정치에 의해 협동조합들은 강제적으로 폐쇄되기에 이른다. 해방 후 관 주도의 농업 협동조합이 시작되고 1960년대 들어 신용 협동조합 운동도 시작된다. 의료 분야에서는 1968년 청십자의료협동조합, 1976년 난곡희망의료협동조합이 설립되어 민간 의료보험으로서 역할을 수행하는데 이들은 1980년대 후반 공적 의료보험이 시행되며 문을 닫는다.

1990년대에 소비자들이 중심이 되어 의료생활협동조합(의료생협)들을 설립하기 시작한다. 2012년 협동조합기본법이 시행되면서 이들 의료생협들은 의료복지사회적협동조합(의료사협)으로 전환하며 다른 유형의 의료 관련 협동조합들이 설립되기 시작한다.

일제 강점기와
해방 후

우리나라에서 협동조합이 처음 설립된 것
은 1920년으로 추정된다. 5월 15일 목포소비조합이 결성되고 이후
서울에도 소비조합이 설립된다. 1920년 4월 설립된 조선노동공제
회[1]는 부속기관으로 소비조합 결성을 결의한 후 1921년 7월 1일 창
립된다. 이후 소비조합은 전국적으로 확산되었으나 경영상의 어려
움을 겪으면서 쇠퇴하게 된다. 1920년대 후반에 동경 유학생들, 천
도교, YMCA 등에 의해 협동조합 운동이 다시 활기를 띠게 되는데
협동조합 운동의 활발해지자 이것이 독립운동으로 발전할 것을 두
려워하여 일제는 협동조합 운동을 탄압하기 시작한다.[2] 1930년대
초반에는 대략 1천여 개의 협동조합과 10만여 명의 조합원이 협동
조합 운동에 참여하고 있었다.

당시 협동조합들의 의료 관련 사업들은 단편적으로 전해진다.
1928년 원산노동연합회는 조합원의 진료비 절감을 목적으로 노동
병원을 설립하였다고 한다. 이것은 노동연합회가 진행한 교육 사
업, 소비조합, 이발소, 구제부 등의 사업 중 하나였다.[3] 1929년 원산
YMCA에서도 원산 협동소비조합을 설립하는데 여기서는 조합원
들에게 다양한 혜택과 더불어 병원 이용 시 할인 혜택을 주었다고
한다.[4]

---

1. 우리나라 최초 전국 규모의 근대 노동단체다.
2. 정원각, 「협동조합 운동의 개념과 의미, 역사, 현황 그리고 각국의 사례」, YMCA 간사학교, 2009.
3. http://cafe.daum.net/medicommunity/8plw/35
4. 김형미 외, 『한국생활협동조합운동의 기원과 전개』, 푸른나무, 2012.

1931년 『동아일보』 기사는 소비조합에서 병원을 운영하던 평북 곽산소비조합의 사례를 소개하고 있다.

"지난 22일 저녁부터 밤이 깊도록 곽산소비조합 이사회 동 조합 회의실에서 이사장 김국세 씨 사회로 모였었다. 새로운 방침으로 부속병원을 설치하여 조합원에게는 실비만 받고 연 1회 무료건강검진을 하기로 하였다. 병원 곽산의원장 신유권 씨는 조합장인 만치 자기가 경영하던 곽산의원을 소비조합 병원으로 하리라 한다."(『동아일보』 1931년 4월 26일자, 5면)[5]

당시 노동연합회나 소비조합들이 다양한 복지 사업들의 일환으로 의료 사업들을 시행했던 것으로 보인다. 그 규모나 방식들에 대해서는 잘 알려져 있지 않다. 그리고 독립적으로 의료 협동조합이 있었다는 흔적도 확인 안 되고 있다.

1930년대 중반부터 군국주의가 강화된 일본은 대대적으로 협동조합을 탄압하기 시작한다. 협동조합 지도자의 구속, 협동조합 자산의 몰수가 진행되었고 1937년 총독부의 협동조합 폐쇄 명령에 따라 아래로부터의 협동조합 운동은 소멸되었다.[6]

해방 후 의료 제도를 어떻게 만들 것인가에 대한 논의 과정에서 '국영의료 체계론'과 '미국식 보건 의료 체계 수용론' 사이의 논쟁

5. 김형미 외, 『한국생활협동조합운동의 기원과 전개』, 푸른나무, 2012.
6. 김기태, 「한국 협동조합의 역사와 동향」, 『일하는 여성』 91호, 2012.

이 벌어지는데 최응석[7] 등은 '국립병원-협동조합 병원-개인 개업의', 3축으로 구성되는 국영 의료 시스템 구축을 주장한다.

> "인민 대중의 보건은 인민 자신의 임무라는 것을 실천하여야 할 것이다. 노동자의 보건을 노동자 자신이 관리하는 자주적 의료 기관의 설치가 제기되어야 될 것이다. 실비 진료소, 협동조합에 의한 의료 이용조합 결성 등의 의료의 실질적 사회화가 제기되어야 할 것이다."

이런 주장이 있었다는 사실로 볼 때 당시 협동조합 병원에 대한 인식이나 전망이 어느 정도 있었던 것으로 보인다. 논쟁이 이루어지던 시기는 미군정 지배 아래 있던 때여서 결국 미국식 의료 체계가 우리나라에 도입되면서 국영 의료 체계론은 쇠퇴한다.[8]

그러나 미국식 의료 체계는 민간 병의원에 기초한 것으로 이들이 도시에 몰리는 경향이 있어 시골이나 오지에는 여전히 의료 접근성에서 한계에 봉착할 수밖에 없었다. 이런 문제를 해결하기 위해 다시 협동조합 방식의 의료 기관 설립 문제가 현실적인 대안으로 대두된다. 1950년 3월 보건부는 무의면 일소 대책으로 '국민의료이용조합' 설립이라는 안을 내놓았는데 이는 국가가 의료 시설과 기구, 의약품을 제공하고 무의면 주민들이 낸 조합비로 운영한다는 안이었다. 이 안이 나오고 바로 전쟁이 터져 실현되지는 않았다.[9]

---

7. 평양에서 태어난 최응석은 1930년 일본으로 건너가 1933년 도쿄 제국대학 의학부에 입학한다. 4학년 때인 1936년에는 울산에서 사회 위생 조사를 진행하기도 하였다. 당시 일본에서 운영되던 실비 진료소, 의료이용조합 등에 대해서도 잘 알고 있었을 것으로 보인다.
8. 최규진, 『한국 보건의료운동의 궤적과 사회의학연구회』, 한울, 2016.
9. 전우용, 『현대인의 탄생』, 이순, 2011.

청십자의료협동조합

부산에서 1968년 5월 13일 장기려 등에 의해 청십자의료보험조합이 초량동 복음의원에서 창립되었다. 여기에는 일제 강점기 협동조합에 관여했던 분들이나 50년대 후반 이후 홍성 지역 풀무생협 활동하던 분들이 참여하게 되는데 인적인 면에서 과거의 협동조합 운동을 계승하고 있다고 볼 수도 있을 것 같다.

홍성 풀무학교 교사로 있다가 덴마크에서 농업과 협동조합을 공부하고 돌아온 채규철의 제안으로 이루어졌고 홍성 풀무학교 졸업생 황학석이 직원으로 참여하며 사상가 함석헌 선생이 조합원 1호로 가입한다.[10] 가족 단위 조합 가입을 명문화하였다.[11]

창립 당시 23개 교회의 신도를 중심으로 723명이 시작하였으며 첫 해 회원 수는 1,662명에 불과했다. 의료보험에 대한 인식이 없던 시기여서 가입을 설득하기가 어려웠던 면도 있었다. 조합원 1인당 월 60원씩 낸 첫 달 보험료는 1주일 만에 환자 2명의 치료비로 바닥이 나버리는 등 초창기엔 극심한 재정난에 시달렸다.

1969년 4월 스웨덴 아동보호재단SSCF의 피보호자를 중심으로 만든 부산의료협동조합과 통합하면서 청십자의료협동조합으로 개편하였는데 조합원은 1만 4천 명에 이른다. 사업의 성공이 일반에 알려지면서 1970년 서울에 이어 1972년 광주, 인천, 수원, 제주, 경주, 대구, 대전, 전주 등지로 청십자 운동이 계속 확산되었다.[12] 서울

10. 정원각, 「협동조합 운동의 개념과 의미, 역사, 현황 그리고 각국의 사례」, YMCA 간사학교, 2009.
11. 박봉희, 「의료협동조합 총론」 (cafe.daum.net/educoop)
12. 조성우, 공단 이사장 「청십자 운동을 아시나요?」, 「헬스포커스」 2013.6.11.

의 청십자 운동은 크리스천 아카데미에서 1970년 5월 19~20일에 '사회복지와 의료보험' 세미나가 개최되면서 출발하는데 풀무학교 출신 황학석, 정해열 등이 직원으로 참여한다.

이러한 운동의 성과로 1972년 11월 2일 '한국청십자의료협동조합중앙회'가 창립되기에 이른다. 1972년과 1973년 많은 지역에서 의료 협동조합을 추진하였으나 서울, 대전, 전주, 대구 등 7개 조합에 대해 보사부가 인가를 해 주지 않았고, 1974년에는 춘성, 춘천, 백령, 거제, 영동 등만 인가하여 협성, 동해, 거주, 영덕, 대전, 대구는 미인가로 조합을 구상하였다고 한다.[13]

또한 청십자의료협동조합의 영향으로 전국 각지에서 적지 않은 수의 자영자조합 설립 인가 신청 및 청원서를 보사부에 제출했고 보사부는 그 중 일부를 인가해 모두 8개의 자영자 조합이 공식 출현했다. 의료보험법에 따라 공식 인가된 조합은 피용자조합 4개(호남비료의료보험조합, 봉명흑연광업소의료보험조합, 대한석유공사의료보험조합, 협성의료보험조합)와 자영자조합 8개소(부산청십자의료보험조합, 옥구청십자의료보험조합, 춘성의료보험조합 등)로, 모두 12개소에 이르게 됐다. 이 12개 의료보험조합이 1977년 정부가 정식 의료 보험사업을 개시할 때까지 공백기를 메워주게 된다.[14]

1974년에 부산시가 변두리 영세민 5천 명의 가입비 50%, 회비 50%를 부담하면서 한꺼번에 청십자의료협동조합 조합원으로 가입시켜준 데다 각 가정을 방문, 보험가입을 권유하는 등의 활동에 힘

13. 김형미 외, 『한국생활협동조합운동의 기원과 전개』, 푸른나무, 2012.
14. 조성우, 공단 이사장 「청십자 운동을 아시나요?」, 『헬스포커스』 2013.6.11.

입어 회원 수는 날이 갈수록 늘어나 1975년에는 조합원이 2만 명 선에 이르게 된다. 1975년 후원자들로부터 5천만 원을 기부 받아 청십자병원을 개원하면서 자립 기반을 잡아가기 시작했다. 1977년 1종 의료보험 실시와 함께 많은 직장인들이 조합에서 빠져 나갔지만 조합은 흔들리지 않았다.

1980년대 들어 상호 부조적 의료보험 제도의 필요성을 느낀 서민들의 자발적인 참여로 회원 수가 급격히 늘어나 1981년엔 조합원이 41,828명으로 불었고, 재정도 5천여만 원의 흑자까지 낼 수 있었다. 이때부터 조합 사무실 확장에도 나서 81년 6월 동래 지부를 설치한 데 이어 1985년까지 매년 지부 1개씩을 늘려 모두 5개의 지부를 설치했다. 가장 어려운 보험료 징수도 자진 납부율이 95%를 웃돌았으며 회원들의 적극적인 호응에다 조합의 알뜰 운영 등에 힘입어 해산 전 해인 1988년에는 15억 원 이상 흑자를 기록했다.

1989년 7월 1일 정부 주도의 도시 지역 의료보험이 시작되자 자신의 사명을 다했다는 판단에 따라 청십자의료협동조합은 전날인 6월 30일 자진 해산한다. 이 조합 출신의 실무자들이 정부 주도의 의료보험 제도에도 참여하여 운영에도 큰 도움을 주었다고 한다.[15] 해산 당시 적립금 30억 원과 병원 등 종합 자산이 40억 원, 그 동안 보험 혜택을 본 진료 연인원은 788만여 명에 이른다. 청십자의료협동조합의 해산으로 한국청십자사회복지회가 기금을 받아 청십자 운동을 지속해 나간다.[16]

---

15. 김형미 외, 『한국생활협동조합운동의 기원과 전개』, 푸른나무, 2012.
16. 강진권, 「해체되는 부산 청십자의료보험, 영세민 지키기 21년」, 『중앙일보』 1989.5.23.

난곡희망의료협동조합

난곡은 1960년대 이후 군사독재 정권이 추진한 경제 정책에 의해 농촌에서 쫓겨난 농민들, 그리고 서울 용산, 이촌, 창신동 등지에서 재개발로 강제 철거당한 철거민들이 많이 살던 지역이다. 여기에 1976년 3월 13일 난곡희망의료협동조합이 설립된다.[17]

청십자의료협동조합에 장기려가 있었다면 난곡희망협동조합에는 김혜경이 있었다. 가톨릭교회에서 지역 사회 조직가 훈련을 받은 김혜경은 1969년 창신동 철거 촌 싸움에 참여해 승리하는 데 중요 역할을 담당한다. 이후 난곡으로 옮긴 김혜경은 마을 아낙들과 함께 국수모임을 만든다. 서울 곳곳에 살던 가난한 사람들이 옮겨 온 것이니[18] '서울에서 가장 못 사는 곳'이라 할 만했다.

1974년 9월 15일부터 서울의대 가톨릭 학생회가 성당의 소개로 의료 봉사를 나오기 시작한다.[19] 아파도 돈이 없어 치료를 받지 못하던 주민들은 일주일 100원을 내고 진료를 받았고 100원이 없는 사람은 상담 후 무료 진료를 받기도 했다. 100원씩 모은 돈은 당시 비싸서 구하기 어려웠던 결핵약을 사서 간호사 수녀들과 함께 결핵 환자 집을 순회하며 나눠주는 데 사용하였다. 소문이 나면서 멀리서 찾아오는 사람들도 늘고 비교적 여유 있는 사람들까지 몰리기 시작한다. 난곡 주민들과 김혜경은 대책을 찾다가 협동조합 방식을

17. 김형미 외, 『한국생활협동조합운동의 기원과 전개』, 푸른나무, 2012.
18. 달동네 난곡이 재개발로 완전히 사라진 것은 2004년이다.
19. 의대 출신인 김중호 신부가 가톨릭학생회 지도신부가 되었고 그 전에는 성남에서 주말 진료를 갔는데 학교에서 너무 멀어서 가까운 난곡으로 변경하게 되었다고 한다.(김형미 외, 『한국생활협동조합운동의 기원과 전개』, 푸른나무, 2012.)

강구하기로 하고 그해 겨울부터 협동조합 회원들을 모으기 시작하여 6개월 만에 100원의 조합비를 내는 118세대를 모으게 된다. 마침내 1976년 3월 13일 김혜경의 집안 마당에서 난곡희망의료협동조합 창립 총회를 열게 되었다.[20] 김혜경은 1960년대 초반에 인천의 성당에서 메리 가브리엘라 수녀가 강의하는 교육에 참여하여 협동조합을 알고 있었다고 한다.[21]

협동조합은 한 달에 한 번씩 각 반 대표들이 참여하는 운영위원회를 개최하고 철저하게 주민들이 중심이 되는 조직 체계와 운영 원칙을 고수해 나갔다. 5인 가족 이상 월수입 3만 원 이하 세대부터 조합원으로 받는데 10시간의 협동조합 교육을 받지 않으면 조합에 가입시키지 않았다. 설립 당시 118가구로 시작한 협동조합은 10년 만에 2,200가구로 늘었다. 당시 조합원들에게 매달 100원씩 걷어 목돈이 필요한 사람들의 치료비로 사용하였다. 이들의 진료는 서울의대 가톨릭 학생회 학생들과 몇몇 종교인들의 자원 봉사로 운영되는 주말 진료소에서 이루어졌다.

1983년에 이르러서는 3만 명의 주민들 중 1만여 명이 조합원으로 가입하게 된다. 10주년이 되던 해인 1986년 4월 20일 총회에서는 병원 설립을 결의하게 된다. 우여곡절 끝에 7,000만 원의 돈을 모아 신림1동 시장 상가 건물을 임대하고 성모병원에서 보내 준 의료 장비 등으로 병원을 꾸며 1988년 8월 29일 요셉의원을 개원하게 된다. 그러나 1년 후인 1989년 7월부터 전 국민 의료보험이 본

---

20. 심재옥, 「여성진보정치 열전. 김혜경」, 『미래에서 온 편지』, 2013.
21. 김형미 외, 『한국생활협동조합운동의 기원과 전개』, 푸른나무, 2012.

격적으로 시행되면서 의료보험 체계 하에서 협동조합의 새로운 방향 설정에 실패하면서 협동조합은 해산되고 요셉의원은 가톨릭교회의 관리로 넘어간다.[22][23]

청십자의료협동조합과 난곡희망의료협동조합은 국가 의료보험이 시행되기 이전 주민들의 입장에서 의료비 조달의 문제가 심각했던 상황에서 의료비 공제의 성격을 우선하는 협동조합의 형태로 설립되고 운영되었다. 이후 자체 소유의 의료기관을 설립하는 데까지 이르기는 하지만 전 국민 의료보험이 본격적으로 시행된 1989년을 기점으로 의료 협동조합으로서의 자체 동력을 잃고 문을 닫게 된다. 협동조합에 의료보험료 명목으로 조합비를 내다가 전 국민 의료보험이 시행되면서 여기에도 보험료를 납부하면서 이중 부담이 발생하는데 조합원들 사이에 혼란이 발생하고 이를 제대로 정리하지 못하면서 협동조합 폐쇄에 이르게 된다.

이외에도 1972년에는 성남에서 주민교회 이해학 목사 등이 중심이 되어 '주민교회의료협동조합'을 시도하였으나 유신 정권의 시작으로 좌절되었다. 이후 주민교회는 1979년 12월에 주민교회신용협동조합을 설립한다. 1974년에는 서울 신설동 판자촌에서 허병섭 목사 등이 의료 협동조합을 설립하려고 하였으나 성과를 이루지 못했다. 1980년대 초 인천산업선교회에서 무료 주말 진료를 통해 주

22. 심재옥, 「여성진보정치 열전, 김혜경」, 『미래에서 온 편지』, 2013.
23. 김지원, 「우리 동네 난곡. 함께하는 100원의 힘 즐겁게 가난 이겨냈다」, 『오마이뉴스』, 2008.7.8.

민과 가까워지면서 조합원 200세대를 조직한 민들레의료협동조합
(200세대) 결성 시도가 있었다.[24]

의료생협
운동의 시작

전 국민 의료보험이 시행되기 이전 재정 조
달의 일차적 과제였던 시기에 민간 의료보험 단체로 설립된 청십자
와 난곡희망의료협동조합이 1989년 거의 동시에 해산함으로써 의
료 협동조합은 한동안 공백기를 맞게 된다. 이제 국가가 운영하는
의료보험 체제 아래 의료 협동조합은 다른 철학과 비전을 제시해야
하는 상황에 맞닥뜨리게 된다.

1987년 경기도 안성군 고삼면에서 연세대학교 기독학생회 의료
인들이 주말 진료소를 차렸다. 당시만 해도 농촌 지역에는 의료 기
관이 없어 제대로 된 의료 기관을 만들자는 지역의 요구가 있었다.
지역 주민 300여 명과 2명의 의료인이 뭉쳤다. 당시 농협의 경험이
있는 농민들은 협동조합 형태로 병원 만들기를 제안하여 1994년
안성의료생활협동조합이 탄생하게 된다. 안성 의료생협은 20년이
지난 지금 안성 인구의 10%에 해당하는 5천여 명이 조합에 가입해
있다. 일반 의원 3곳, 한의원 2곳, 치과 의원 1곳 총 6곳에 15명의

---

24. 한국의료사협연합회 보건복지위원회, '간호사네트워크' 간담회, 2016.

의사가 일하고 있으며 재가 장기 요양 기관도 운영하고 있다.[25]

1989년 기독청년의료인회 회원 40명이 공동으로 출연하여 만든 산재, 직업병 전문인 평화의원은 1996년 평화의료생협으로 재창립되었다. 1991년부터 지역에서 건강 문제를 고민하던 지역 주민 조직이 1996년 안산에서 의료생협을 추진하였으나 1년 만에 활동을 중단하고 이후 2000년 새롭게 시작하게 되었다.[26]

1998년 소비자생활협동조합법(생협법) 제정 이후 제도로부터 오는 공신력과 안성, 인천평화 등의 사례가 있어 의료생협을 지역에서 만들 수 있는 외부 환경이 조성된다.

이러한 외부 조건은 2002년 원주, 서울, 대전에서 다양한 협동조합, 영등포산업선교회 중심의 노동자 활동, 지역 화폐의 경험과 만나면서 새로운 활로를 찾아나갔다. 새로이 서울시 노원구 함께걸음, 전주, 청주 3곳의 준비위와 함께 인적 교류를 넘어선 조직적인 연대 활동을 펼치기 위해 2003년 6월 의료협동조합연대가 창립되었다. 마침 KBS 일요스페셜에 보도되면서 의료 협동조합이 전국적으로 알려지는 계기가 되었다.

이 시기 주요 사업은 한일 의대생 교류회, 시민사회 단체, 의료인들에게 의료 협동조합 존재 홍보였다. 이때부터 의료 협동조합 설립 문의들이 증가했으며, 연대를 통한 설립 지원이 이루어졌다. 이 무렵 연대 소속 외 의료 협동조합들도 생겨나기 시작했다.[27]

2000년대 의료생협이 소개되기 시작하면서 이른바 '사무장병원'

25. 김하영, 「'의료생협'이 간판을 바꾸는 이유는?」, 『프레시안』 2013.11.20.
26. 박봉희, 『건강도시』, 한울, 2014
27. 박봉희, 「한국의료협동운동의 현황과 전망」, http://cafe.daum.net/educoop

이라는 곳이 의료생협을 이용해 영리병원을 차리기 시작한다. 당시 의료생협 병원을 열기 위해서는 조합원 300명에 3,000만 원 이상의 출자금이 필요한데 설립을 대행해 주는 브로커들도 활개를 치기 시작한다. 보건복지부는 의료생협 의료 기관을 부속 의료 기관으로 규정하고 비조합원 이용 금지를 지침으로 삼아 신규 의료생협 설립을 차단한다.

한국의료생협연대는 의료생협 부속 의료기관 지침을 철회시키기 위해 노력하여 2008년 생협법 개정 시 일부 반영된다. 연합회 소속 의료협동조합들은 사회적 기업 인증을 받기 시작했고 이때부터 재가 요양 기관을 설립하여 노인 돌봄 사업을 본격적으로 시작하고 자활 지원 센터 등 정부 위탁 사업도 하게 된다.

의료생협의 확산과 더불어 유사 의료생협도 확산되는 부작용이 발생한다. 의료생협은 인가가 지자체에 맡겨져 있고 감독도 허술하여 속칭 사무장병원들이 법인격을 취득하는 통로로 활용되었다. 이들은 온갖 불법과 탈법의 온상이 되었는데 이러한 일들이 의료생협의 간판을 달고 이루어져 사회적 비난이 일기도 하였다. 2008년 61개에 불과하던 의료생협이 2013년 340여 개에 이를 정도로 급증하게 된다. 의료생협연합회 소속 의료생협이 18개였던데 비추어보면 나머지 320개 의료생협의 상당수가 유사의료생협일 가능성이 높은 상황이었다.[28] 의료생협연합회는 의료생협의 관리 감독을 강화하도

---

28. 김하영, 「'의료생협'이 간판을 바꾸는 이유는?」, 『프레시안』 2013.11.20.

록 공정거래위원회, 보건복지부, 지자체에 알리는 작업을 시작했으며 유사 의료생협과 구별하여 사회 책임성과 운영의 투명성이 더욱 강화된 사회적 협동조합을 추진하기로 하였다.[29]

협동조합기본법 이후의 변화

　　　　　2012년 12월 협동조합기본법이 시행되면서 의료생협에도 변화가 일어난다. 협동조합기본법 논의가 시작되어 한국의료생협연합회 쪽에서는 사회적 협동조합으로의 전환을 논의하기 시작한다. 당시 의료생협들은 1998년 제정된 소비자생활협동조합법에 근거하여 운영되고 있었으나 딱 맞지는 않는 상황이었다. 그리고 유사 의료생협과 구별 짓고 사회적 책임성을 강화하기 위해 협동조합기본법이 시행되자 2013년부터 연합회 소속 의료생협들은 사회적 협동조합으로 전환해 갔다. 여러 어려움이 있었다.

　의료생협에서는 조합원 300명에 출자금 3000만 원이던 최소 설립 기준이 사회적 협동조합에서는 조합원 500명, 출자금 1억 원, 1인당 출자금도 5만 원 이상으로 강화되었다. 이에 조합원과 출자금이 모자란 의료생협들은 출자금을 추가로 걷고 조합원을 늘리는 작업을 선행해야 했다.[30] 한국의료생협연합회도 2013년 10월 한국의료복지사회적협동조합연합회로 전환한다. 1994년 안성에서 시작

29. 임종한 외, 『참 좋은 의료공동체를 소개합니다』, 스토리플래너, 2015.
30. 김하영, 「'의료생협'이 간판을 바꾸는 이유는?」, 『프레시안』 2013.11.20.

된 새로운 의료 협동조합 운동은 외형적으로 조합 20개, 세대 조합원 3만 명, 출자금 67억 원, 활동 조합원 1,555여 명, 직원 430명을 갖는 큰 조직으로 성장하였다.[31]

의료 전문가들의 협동조합 설립

이전까지 의료 협동조합은 의료의 소비자들이 의료보험과 관련한 의료 재정 문제, 믿을 만한 의료 서비스를 얻기 위한 운동 차원에서 협동조합을 만들고 키워왔다. 협동조합기본법 시행 이후 의료 협동조합 운동에서 새로운 흐름이 생겨나고 있다. 의료 전문가로 의료 서비스 공급자인 의사, 약사, 한의사들이 협동조합 결성에 나서게 된다.

비뇨기과의사회협동조합은 2014년 11월 조합원 200여명으로 창립되었다. 2015년 3월 의약품과 의료 소모품, 의료 기기를 판매하는 쇼핑몰을 열면서 본격적으로 활동을 시작했다. 2015년 전체 매출 규모는 1억 5,000만원인데, 법인세를 제외하고 약 1억 3,000만 원의 수익을 냈다.[32] 의사들만 모여서 만든 협동조합으로는 처음이다. 이 협동조합은 직접적인 의료 서비스를 제공하지는 않으며 주 조합원인 비뇨기과 개원 의사들의 활동을 지원하는 역할을 수행하고 있다.

31. 임종한 외, 『참 좋은 의료공동체를 소개합니다』, 스토리플래너, 2015.
32. 박진규, 「출범 1년차 '비뇨기과의사회협동조합'…조합원 2배로 늘어난 비결은?」, 『라포르시안』 2016.3.21.

2015년 11월 한의사들은 건강나눔협동조합을 설립하여 공동구매와 교육활동 등 한의사들을 위한 활동을 진행하고 있다.

약사들의 협동조합 설립도 가속화되고 있다. 2013년 7월 약사미래를준비하는모임(약준모) 수도권 약사들을 중심으로 아로파협동조합이 처음 설립된다. 이어서 11월에는 경기도 약사 중심으로 대한약국협동조합이 뒤를 잇는다.[33] 이외에도 짧은 기간 동안 지역마다 약사 협동조합들이 많이 설립되는데[34] 일부 협동조합들이 모여 연합회를 결성하기에 이른다. 대구·경북의 대경약사협동조합, 광주·전남의 한결협동조합, 부산의 파마시넷협동조합, 경남의 프로파마약국협동조합 등 4곳이 발기인으로 참여하는 파마시쿱협동조합연합회가 2014년 12월 3일 설립 인가를 받았다.

연합회는 기존의 약사 협동조합인 각 회원 협동조합 사업인 공동 구매, 진단 제품 안착, 구강 관리 사업 등이 원활하게 안착될 수 있도록 지원 활동을 수행한다.[35] 이들 조합은 약사들 간 정보 교류와 공동 구매, 공동 마케팅 등을 통해 조합원들의 이익을 도모한다는 목표를 내세웠다. 그러나 아직까지 조합원 수가 크게 늘지 않아 영세함을 벗어나지 못하고 있다.[36]

2013년 4월 쿱3119응급환자이송협동조합이 설립되었는데 이런 유형으로는 우리나라에서 처음이다. 의료 관련 전문가들이 조합원으로 참여하여 의료 공공성과 관련한 교육, 문화, 출판 사업을 목표

---

33. 김지은, 「우후죽순 출범했던 약국협동조합 고전…왜?」, 『데일리팜』 2015.9.19.
34. 세 번째는 부산 지역의 파마시넷협동조합, 네 번째는 경남에서 설립된 프로파마약국협동조합이다.
35. 이호영, 「약사협동조합이 뭉쳤다… 파마시쿱연합회 설립」, 『메디파나뉴스』 2014.12.4.
36. 김지은, 「우후죽순 출범했던 약국협동조합 고전…왜?」, 『데일리팜』 2015.9.19.

로 한 건강미디어협동조합이 2014년 2월 설립되었다.

사회적 케어
협동조합

협동조합기본법 이후 사회적 돌봄 분야에서도 협동조합들이 설립되고 있다. 이 분야는 공익적 성격이 강해 주로 사회적 협동조합으로 설립되고 있다. 보건복지부 인가 1호 사회적 협동조합은 도우누리사회적협동조합이다. 이 협동조합은 시민운동 단체인 광진주민연대가 2001년 만든 보건복지부 지정 서울 광진지역자활센터에 뿌리를 두고 있다.

2006년 자활센터 내에 돌봄 서비스를 관장하는 늘푸른돌봄센터가 분화한 뒤 본격적인 돌봄 서비스 사업에 뛰어든다. 2008년에는 자활 공동체로 인정돼 재가 장기요양기관, 노인 돌봄 제공 기관, 장애인 활동 보조 지원 사업 서비스 중개기관 지정을 받는다. 2010년 사회적 기업 인증을 받으면서 간병 사업을 시작하였으며 협동조합기본법이 시행되면서 사회적 협동조합으로 전환을 추진하여 2013년 4월 1일 보건복지부 승인을 받는다.[37]

현재 조합 이사진 중 9명이 직원이다. 직원은 총 293명으로 대부분 경력 단절 여성 내지는 생애 처음으로 취업하려는 중고령 여성들이다. 2013년 가을 시립중랑노인요양원의 위탁 경영을 맡게 된

---

37. 신순봉, 「종업원 제일주의 사회적 협동조합 '도우누리'」, 『머니투데이』 2013.7.23.

다. 전국적으로 국공립 사회 복지 시설의 운영을 사회적 협동조합이 떠맡은 첫 사례가 된다. 도우누리는 조직상으로는 기존의 늘푸른돌봄센터와 시립중랑노인요양원을 운영하는 법인으로 전 직원의 35%가 요양원에서 근무하고 있다. 2014년 매출은 58억 원 수준이다.[38] 도우누리 부설로 광진아동청소년발달센터를 두고 있다.

2013년 6월 29일 한국돌봄협동조합협의회 출범식이 있었다. 협의회는 돌봄 사업(가정 관리사, 보육, 장기 요양 센터, 사회 서비스 사업 등)을 하고 있는 11개 지역 여성 노동자회와 7개의 지역 자활 센터가 모여 협동조합을 창립하거나 준비하기 위해 모였다. 돌봄 노동자들의 권익 증진과 돌봄 노동의 공공성을 확보하고, 협동 사회 경제 활성화에 기여함을 목적으로 하며 주요 사업은 협동조합 설립 및 운영 지원, 조합원 교육과 정보 제공, 조합원 권리보호 사업, 정책 활동 및 제도개선 사업, 협동조합 협력 및 연대 활동 등이다.[39]

환자와 환자 가족 협동조합

사회적 케어 협동조합들은 사회 취약 계층에 돌봄 서비스를 제공하기 위해 설립된 협동조합인데 이와는 달리 취약 계층 당사자들이 자신들의 문제 특히 가장 중요한 고용 문제를 협동조합을 통해 해결하려는 시도들이 이어진다. 대표적으로 은

38. 이필재, 「세상을 바꾸는 사회적기업④ 도우누리사회적협동조합' 요람에서 무덤까지 돌봄 서비스 공급」, 「이코노미스트」 2015.11.2.
39. 돌봄 협동조합은 왜 필요한가? http://giving.womenfund.or.kr/473

퇴한 노인들이 협동조합을 만들어 일자리를 스스로 만들어 나가려는 노력을 기울인다. 취약 계층 중에서 가장 두드러지는 것은 장애인들과 가족들이 스스로 협동조합을 만들어 자신들의 문제를 해결해 나가려는 노력들을 보이고 있다는 점이다.

연리지장애가족사회적협동조합은 장애 자녀를 둔 부모들이 장애인 교육권 보장을 위해 논의하고 공동으로 사회 활동을 하던 모임에 뿌리를 두고 있다. 자녀들이 성장하면서 사회에서 자리를 잡고 일을 할 수 있는 능력을 길러주고 일자리를 만드는 문제로 관심이 옮겨간다. 이를 위해 사회적 협동조합을 설립하게 되는데 대전광역시 사회적 협동조합 제1호를 기록하게 된다. 협동조합의 첫 사업 아이템은 친환경 세차이다.[40]

열손가락서로돌봄사회적협동조합은 2011년 뇌병변 장애 자녀를 둔 부모 11명의 모임에서 시작한 자조 모임이 2013년 협동조합 추진을 시작하게 되었고 그 후 21명으로 늘어나 2014년에는 보건복지부로부터 사회적 협동조합 설립인가를 받게 되었다

울산장애인자립지원협동조합은 지체 장애나 자폐증 등 발달 장애인의 특성에 맞는 직업 모델로 초음파 에어 방식의 출장 세차 사업을 개발, 발달 장애인 일자리 창출을 목표로 2014년 8월 설립됐다. 현재 업무를 총괄 지휘하는 퇴직자 1명과 발달 장애인 4명이 한 팀을 이뤄 북구청, 교육청 등 관공서를 중심으로 출장 세차에 나서고 있다.[41]

---

40. 임혜현 외, 「연리지장애가족사회적협동조합」, 『프라임경제』 2013.07.26.
41. 부울경뉴스, 「울산 북구, 울산장애인자립지원협동조합 협약, 발달장애인 자립 지원」 2015.11.5.

사회적 협동조합 드림위드앙상블은 발달 장애 오케스트라인 '하트하트 오케스트라' 소속 '하트 클라리넷 앙상블'로 활동하다 2015년 3월 말, 단원들이 전문 연주자로서의 자립을 꿈꾸며 독립했다. 성남시가 주관하는 2015 사회적 경제 창업공모 사업 지원을 통해 사회적 협동조합으로 첫 발을 내딛게 된 것이다.[42]

이외에도 장애인 고용과 자활 지원을 목적으로 하는 협동조합들이 속속 설립되고 있다. 다른 취약 계층들을 지원하는 협동조합들도 마찬가지이다. 문제는 이런 협동조합들이 얼마나 내실을 갖고 지속 가능한 조직으로 유지, 발전할 수 있느냐가 관건이다. 협동조합기본법 제정 이후 설립된 많은 협동조합들이 운영 과정에서 다양한 문제에 봉착해 있다. 이를 극복하고 제대로 자리 잡는 데까지 상당한 시간과 노력, 지원이 필요한 상황이다.

다른 목적 협동조합에 의한 의료 사업

농업 협동조합은 농민들이 조합원으로 참여하는 협동조합으로 우리나라에서 일제 강점기 아래에서 농촌 소비조합 형태로 발달하다가 소멸했고 해방 이후 농협 설립에 대한 논의가 이어져 오다가 1957년 2월 2일 농업협동조합법과 농업은행법이 별도로 국회를 통과하였으며 이후 개정을 거쳐 농업은행은

42. 연합뉴스, 「발달장애 클라리넷 앙상블 사회적 협동조합으로 출범」 2015.9.1.

1958년 4월, 농업 협동조합은 1월 정식 업무를 시작한다. 2015년 현재 전국에 단위 조합이 1,360곳이 있다.

농촌의 고령화가 급속하게 진행되면서 농촌에서의 복지 수요가 증가하고 있고 이에 따라 농협의 역할에 대한 관심도 높아지고 있다. 농촌 주민을 대상으로 한 조사에서도 농촌이 추진하는 농촌 복지 사업 중에서 가장 제공 받고 싶은 사업으로 보건 의료 서비스를 들고 있다.

농협은 서울대학교병원과 '농촌 순회 무료진료' 협약을 맺고 서울대학교병원 의료진과 함께 1년 내내 전국을 돌며 농촌 지역 주민들의 건강지원 사업을 진행하고 있다. 2006년부터 2015년까지 총 106억 원을 지원해 107회에 걸쳐 15만여 명에게 서울대 병원 전문의의 무료 진료 혜택을 제공하였다.[43] 2013년 초에는 농협이 의료 지원 사업의 일환으로 전국 각 도에 한 개씩 모두 8개의 농민병원 설립을 추진한다는 얘기가 나온 적이 있다. 농협측이 공식적으로는 부인했지만 대한의사협회는 성명까지 내면서 반대 입장을 밝히기도 한다.[44]

금융 협동조합인 새마을금고[45]도 병원 설립을 시도한 적이 있다. 부산 사하구 장림새마을금고는 2009년 3월 내과, 정형외과, 가정의학과, 마취통증의학과, 한의과 등 5개 진료 과목으로 구성된 장림새마을금고복지병원을 완공하여 개설 신고하려 하였으나 보건소에

---

43. 김문수, 「NH농협생명, 농촌 지역 사회공헌 활동 '집중'」, 「소비자가 만드는 신문」 2016.5.27.
44. 배지염, 「농협이 병원까지 설립?…의협 강력 반발」, 「중앙일보헬스미디어」 2013.3.8.
45. 1963년 4월 경상남도 지방에서 재건국민운동본부에 의해서 발족된 농촌신용조합을 그 효시로 하고 있다. 2011년 기준으로 전국에 1,448개의 인가 금고가 운영되고 있다. 새마을금고의 영문은 Community Credit Cooperative이다.

서 불허 판정을 내리자 갈등이 생긴다. 이에 대해 법제처는 "새마을 금고는 의료법상 의료기관을 개설할 수 있는 비영리법인에 해당한다."는 취지의 법령 해석을 내렸다. 이에 대한의사협회는 혼란을 이유로 강력한 반대 입장을 밝힌다. 결국 새마을금고의 병원 설립 노력은 무산되고 만다.[46]

46. 차정석, 「새마을금고 병원 설립(?)…복지부 의료계 공방」, 『이투데이』 2009.8.5.

　의료 협동조합은 건강, 의료 분야에서 다양한 방식으로 설립이 가능하다, 상상력을 발휘한다면 지금까지 존재하지 않았던 방식의 협동조합도 가능할 것으로 보인다. 도전해 볼 만한 가치가 충분한 분야이기도 하다. 의료인들끼리, 환자들끼리, 의료인과 환자가 같이 모여서 그리고 지역 사회도 같이 참여하여 이런 저런 협동조합들을 구상하고 만들어 보기를 기대하게 된다. 사실 이런 기대가 이 책을 쓰는 가장 중요한 목적이기도 하다.

　동시에 실타래처럼 엉킨 우리나라의 의료 문제, 국민들의 건강 문제를 풀어 나가는 강력한 방식의 하나로 협동조합 방식을 제안하고 싶다. 협동조합도 많은 문제와 한계를 안고 있다. 그리고 협동조합이 근본적인 문제들을 해결해 주지도 못한다. 구조적인 문제는 정책과 제도의 혁신에서 찾아야 할 것이다. 그럼에도 불구하고 협동조합을 주목하는 이유는 협동조합이 기본적으로 자본이 아닌 사람에 의해 운영되는 조직이라는 점 때문이다.

자본에 의해 움직여지는 의료와 사람에 의해 운영되는 의료는 근본적인 차이가 있다. 가속화되는 의료 민영화 정책의 지향은 의료 분야가 철저하게 자본에 의해 종속되어 이윤창출의 마당으로 변질되는 것이다. 사람 중심으로 움직이며 민주주의 원리에 기반 하는 협동조합 정신은 자본에 대항하는 강력한 저지선으로 작용할 것이다.

협동조합을 통해서 환자와 보호자, 지역 사회 주민들은 자신의 건강과 질병 문제에 있어 주체로서의 자리 매김을 확실하게 할 수 있을 것이다. 병원이나 전문가가 제공하는 의료 정보에 수동적으로 대응하는 것이 아니라 스스로 필요한 정보를 찾아 나가고 전문가와 동등한 위치에서 소통하면서 자기 신체와 건강에 대한 자기 결정권을 확립해 나갈 필요가 있다.

우리나라 의료 공급 체계에서 이윤에 예민할 수밖에 없는 민간 영역이 중심이 되다 보니 돈이 되는 치료 중심 의료에 집중하고 있는 것이 현실이다. 이런 풍토에서 민간이지만 공공성이 강한 의료 협동조합은 의료의 공공성 강화에 지대한 역할을 담당할 수 있다. 치료 중심에서 생활 관리, 예방 중심의 의료로 무게 중심을 이동하는 데 있어 의료 협동조합, 이 중에서도 특히 사회적 협동조합의 역할은 중요한 의미를 갖는다.

고령화 사회로 진입하면서 노인 부양 문제와 이를 감당하기 위한 재정 부담 문제는 우리 사회의 가장 중요한 과제 하나로 등장하고 있다. 의료 협동조합들은 고령화에 따른 요양과 의료 문제에 대해서도 적극적으로 대응해 왔다.

의료 협동조합의 의미, 중요성을 감안할 때 정부, 지방 자치 단체들은 의료 협동조합을 중요한 파트너로 인정하고 정책적 협력을 확대할 필요가 있으며 이를 육성하기 위한 지원책도 마련할 필요가 있다.

우리나라 보건 의료 분야의 누적된 과제들을 바꿔 나가기 위해 제도 개혁, 의식 개혁 그리고 의료 조직의 혁신 등 다양한 시도가 진행될 필요가 있다. 의료에서 협동조합 운동은 의료 조직 영역에서의 혁신을 주도할 수 있을 것이다. 의료 협동조합이 새로운 의료의 지평을 열 수 있기를 기대한다.